U0001894

菓 子
Götz Books

青春造反：

二十五個閃耀動人的改變與革新故事

班雅明・柯諾德勒（Benjamin Knödler）

克莉絲汀・柯諾德勒（Christine Knödler）／著

菲莉希塔・霍斯薛弗（Felicitas Horstschäfer）／繪圖

黃慧珍／譯

僅以本書獻給瑪塔蕾娜（Magdalena）、
馬特奧（Matteo）和哈蒂（Hattie）

B.K.＋C.K.

作家媒體推薦

書中人物既平凡又不平凡，早慧的生命與行動力，開啟世界的各種可能性！

——張卉君

這本書是青少年開天眼的啟蒙，訴說著我們能否在銀幕上看見自己，事關重大。

——盧郁佳

我總喜歡用另一個角度看 impossible「不可能」這個英文單詞：當我們面對重重挑戰和現實拘限，感到怎樣也不可能完成夢想時，把自己放大一點，或許再加上天外飛來的一撇，那乍現的靈光、稍稍瘋狂的點子，impossible 就會變成 I'm possible「我能」。

——楊馥如

十七歲的少女發起生理期請願行動，十六歲的少年開發出盲人點字和讀譜系統，十五歲的跨性別者以訴訟爭取權利，十四歲的少年創立組織和香港政府對幹，十二歲的少年以環保詩作贏得澳洲尬詩冠軍……這不是神話，而是事實：不論你在什麼處境、握有什麼工具，都可以為自己和別人爭取一個更公義的世界。如果我們認真看待「未來的主人翁」這個許諾，就應該不只是為他們悲歎，而是送給每個青少年這樣一本書。

——鴻鴻

「本書鼓勵人不要畫地自限！（……）作者為書中提及的異議人士做了平衡報導，讓他們不再只是空泛的流行偶像。此外為人類共同邁向更好的世界，也找到一條出路。」

——雅娜・弗克曼（Jana Volkmann）（作家、書評人），

《星期五周報》（der Freitag）

常常聽到這樣的話：這是一個很糟的世界，或者，以前多麼美好，真懷念昔日的幸福。不過，我認為不需如此悲觀或者貴古賤今，每一個時代都有其進步處，也有其退步處，也因此，每一代都會出現一些（試著）解決問題的人。這本書就是在勾畫這些人，而且，都是年輕人。

如果我家有青少年，我會買這樣的一本書，與他/她共讀，一起討論這二十五位青少年面對的時代、歷史、族群與世界，不只是為了下一代的政治啟蒙以及世界觀的培育，也為了我這一代。因我自己對世界所知有限，也需要透過這些年輕又有勇氣者的角度來理解不一樣的世界，來了解他們心中更好的世界是什麼，甚至自問，我們這些大人為什麼讓他們失望至此？那些他們所看到的不公不義的地方，也許部分是因為我們沒有像他們一樣勇敢而造成？

看完這本書，我也反省，我們是不是太過依賴下一代，來解決這一代、甚至上一代造成的（或者至少是留下來的）問題？但是，我也心懷感謝。在惡龍橫行的世界裡，幸好有屠龍者。

——蔡慶樺

推薦序

年輕人不草莓！

文／楊馥如（旅義作家、大腦神經科學家）

曾經是小學老師、現在是大學教授，回想起自己的少年期，我從來不是個好學生；過剩的好奇心和青春騷動讓我總帶點叛逆、時時心存反動。臺灣的教育偏向獎勵服從守秩序的乖小孩，升學主義掛帥，考試常出現是非題，非黑即白；就算能選擇，標準答案也只在四、五個簡述選項之間，從小走「非典型學習路線」的我，因此時時碰壁。

ribelleum，中文翻譯成「造反」、「叛逆」，又反又叛，在華語世界多半給人負面印象，但從拉丁文字根來理解，其實非常感動人心：*ri-* 意謂著「再一次」，而 *belleum* 則有「戰鬥」之意：長長的人生路上，難道不應為自己的理想一而再、再而三奮起直追？《青春造反：二十五個閃耀動人的改變與革新故事》書中的主人翁，各個都從日常生活中汲取點子，然後努力不懈地執行，將乍現的靈光化作改變世界的一刻。

布雷爾五歲因意外而全盲，卻努力不懈，終於在十六歲時發明點字系統，造福千萬視障人士；患有亞斯伯格症的葛莉塔，不管同儕再怎麼霸凌，依然堅持走自己的路，為喚起人們注意氣候變遷而採取罷課，小女孩的行動在歐陸引起迴響，甚至被瑞典媒體選為年度最重要女性；出身貧民區的克爾文，利用撿來的電子廢棄物，打造出非洲獅子山自由城中第一座社區電台；七歲就得了憂鬱症的伊莉思，以自身經驗出發，創立「傷心女孩俱樂部」，用陪伴、協助、鼓勵、守候回應網路世代，因病感到孤單無援的憂鬱症患者，在虛擬平台孕育真心誠意的交流。

缺陷不該成為藉口，阻礙自己過想要的人生。

這些英雄出少年的故事，雖然簡單易讀，卻深刻入心：他們執行夢想的路上並非一帆風順：碰釘子、遭霸凌、被潑冷水，甚至生命受到威脅⋯⋯各種情況都有，但這些年輕人心中的小小夢想火花，都有強大熱情不斷在燃燒，支持他們不斷奮戰、永不放棄。實現夢想的路上挑戰重重，這些孩子年紀雖輕，卻都是 *ribellum*，你說他們「造反」、「叛逆」嗎？我倒認為他們非常偉大，用行動形塑未來，是世界上最極致的美！夢想的堅持和決心看不見也摸不到，那股力量我們只能用心體會、與之共振。

二十五則故事中有一則我特別喜歡：十六歲的史特拉在希臘度假潛水時，看到海裡

的垃圾比魚多，之後他全心投入研究，不但發明「塑膠垃圾吸塵器」來清理海洋垃圾，還成立「海洋潔淨基金會」，為全世界的海洋生態保育發聲、盡力。我總喜歡用另一個角度看 *impossible*「不可能」這個英文單詞：當我們面對重重挑戰和現實侷限，感到怎樣也不可能完成夢想時，把自己放大一點，或許再加上天外飛來的一撇，那乍現的靈光、稍稍瘋狂的點子，*impossible* 就會變成 *I'm possible*「我能」。

　　這本書大人要讀，也要陪著孩子讀，甚至老師們在課堂上可以用來帶討論：「像小孩一樣做夢是很重要的，而且，必須找出自己做起來有趣、想做的事，又或嘗試新事物、去冒險，孩提是最好的年紀了。」書中這段話十分撼動我心，讀完，相信你也會有同感。

歷史把我牢牢釘在座位上

讀《青春造反：二十五個閃耀動人的改變與革新故事》

文／盧郁佳

　　近日 Disney＋為奇幻小說《波西傑克森》改編影集發布選角，主角合照「族群多元性」之高，讓我愣了一下：金髮天然呆波西，死黨葛洛佛是印度裔，雅典娜的女兒安娜貝斯是滿頭雷鬼長辮的黑妞傑·佛里斯。Ptt 上眾人罵「安娜貝斯的金髮灰眼在書中非常重要欸」、「不爽」、「書已經很左了，他們到底還想要怎樣！」但有人開始討論小說寫她「蜜糖色金髮」其實常見於黑人，更有人直言「覺得還好雅典娜可以找任何她喜歡的男人生小孩包括黑人」。原來選角公布後，傑·佛里斯一直遭美國網民霸凌。而且次次如此：黑人妙麗、黑人小美人魚，都被罵爆。

　　2015 年，網民串連「#Oscarsowhite」（奧斯卡好白）批評白人包辦入圍演員，影藝學院便訂出 2024 年起「最佳影片」參賽演員、幕後少數族裔、弱勢族群等的占比下限。次年「#BlackHogwarts」風潮轟《哈利波特》電影忽略黑人，於是舞台劇《哈利波特：被詛咒的孩子》起用黑人演妙麗。罵聲一片，逼使電影版妙麗艾瑪華森、作者 J.K.羅琳必須出面相挺。

　　動畫片《小美人魚》愛麗兒紅髮藍眼，2019 年真人版由黑人主演，網民發起「#NotMyAriel」反對。

　　Twitter 有人說：「我小時候超迷愛麗兒，因為我也紅髮，別人都欺負我。」我以為她要說「所以不准毀我童年」，結果她說：「所以現在黑人小孩能看跟她們一樣的愛麗兒，意義重大。」

　　太奇怪了。以黑人民運史來看，我以為要抗議個幾十年、世界才肯稍微改變。結果還沒回過神，一上車就到站啦？當然離平等還很遠，但怎麼發生的，我毫無概念，直至讀到兩位德國作者編寫的社運群像《青春造反：二十五個閃耀動人的改變與革新故事》。

英國電影協會 2016 年發布研究，說十年來上映的英國電影中，黑人演員占主角的千分之五。其實黑人約占英國人口百分之三，但光看電影會覺得英國好像沒啥黑人。別人看完嘆一聲就過了，但 2017 年，四個十七、十八歲的英國青少年，不滿電影中的黑人角色多是球員、黑幫或毒販，洗腦觀眾「黑人都是這樣」，於是組成「合法黑人」運動團體，揭露對有色人種的隱藏歧視。四人創造出《波西傑克森》合照的雛形：把《哈利波特》海報改成黑人哈利波特、黑人妙麗、黑人榮恩。黑人《神祕博士》，○○七改成黑人（成員情商爸爸演○○七），《BJ 單身日記》變成黑人 BJ，《鐵達尼號》也變黑人愛侶相擁，偷貼到公車站上。每幅海報加上這句話：「如果你們對此感到錯愕，表示你們看到黑人演主角的電影不夠多。」

《青春造反：二十五個閃耀動人的改變與革新故事》始於盲人點字發明者、反黑白隔離且拒絕讓座的黑人少女等歷史案例，建構青少年反抗傳統。但從接下來的反普丁龐克女團「暴動小貓」、瑞典反氣候變遷的臭臉少女葛莉塔、抗議塔利班禁止女人上學的巴基斯坦部落客馬拉拉，可看出它形塑當今全球青少年左派面貌的野心。全書約三分之二為歐美，像是中學校園屠殺後學生發起反槍械運動，跨性別與環保運動；也收錄亞、非，泰國學運領袖秦聯豐、「學民思潮」黃之鋒等人。青少年在澳洲尬詩，在斯洛伐克貪腐，在南非反種族隔離，在獅子山創建窮人電台作為民主審議平台。正如反送中不是憑黃之鋒一人，書中代表人物背後是整個社會的變革浪潮。

白人至上主義川粉名嘴呼籲把移民趕出校園，柏克萊大學左派示威，不讓他入校演講，縱火燒雜物、和警方衝突。《為什麼我們製造出玻璃心世代？：本世紀最大規模心理危機，看美國高等教育的「安全文化」如何讓下一代變得脆弱、反智、反民主》由此案檢討左派霸占大學教職，過度保護使大學生左派玻璃心、不寬容異己。我懷疑，白人至上主義者在查爾斯鎮掃射黑人教會，在夏綠蒂鎮開車衝進左派遊行群眾輾斃示威者時，作者並不會認為右派霸占電視報紙、過度保護支持者導致他們玻璃心。

而《青春造反：二十五個閃耀動人的改變與革新故事》從另一面描述這種時代氛圍，以二十五個熱血案例聲援左派。書中寫到種族隔離時期，十五歲的高中黑人女生放學搭公車回家，白人要她們讓座，黑人都讓了，她不。司機叫她讓座，咆哮，她不動。幾名警察把她拖出來上銬坐牢，她爸在家徹夜握槍怕被私刑滅門。肅殺年代，她怎麼敢玩命？她回憶：「歷史把我牢牢釘在座位上。我一邊肩上有哈莉特・塔布曼的手，另一邊肩上是索傑納・特魯斯的手把我按在座位上。」兩位都是黑人民運先驅。本書就是歷史向青少年伸出的溫暖勇氣之手。

Ptt 很多觀眾抗議《波西傑克森》影集把女主角變黑人，使我反省，我已習慣看外國電影，看到白人主角會代入，看到主角的亞裔眼鏡醜女同事會不想看，而不會意識到我是銀幕上被抹消的有色人種或窮人、老人、胖子。我們不抗議好萊塢太白人，因為習慣了鞭長莫及。然而支持和批評臺灣影視，其實也在形塑文化面貌。本書是青少年開天眼的啟蒙，訴說著我們能否在銀幕上看見自己，事關重大。

目錄

前言

世界原是如此美好。原本就如此，對我們之中許多人而言。但是這種美好並非遍地可尋，也不適用於所有人，更不是在任何時代都可以享有。你們肯定知道事情都有陰暗面，比如生態環境遭到破壞、種族主義、貧窮、恐懼、暴力，以及自由的反面。所有這些事情確實都存在著——幸好，世界各地還有一些兒童與青少年不願坐視這些事情的發生，並進而採取行動。他們的勇氣激勵人心、他們的期待也為人類帶來希望、他們的行動也具有前瞻性的意義。

由於前述的初步構想，我們在 2019 年夏，被問到是否願意為此寫一本書，因此才有了現在這本書的誕生：《青春造反：二十五個閃耀動人的改變與革新故事》。

無論我們是否預期，一開始我們的名單上就有接近三十個名字。這些人之中，有幾位如今已是舉世聞名，也有幾個是當時的我們還不認識的名字。然而也發生過因為取得的資料和可考證的事實根據太少，讓我們不得不刪去名單中幾個人名的情況。另外在我們自行進一步探查後，又找到幾位以行動對世人造成重大影響的兒童與青少年，因此，後來也將這些人加入原有的名單之中。

我們想要從這些人裡面找出，是什麼因素驅使他們那樣做，甚至是讓他們「蹚渾水」的原因——特別是他們所反抗的往往是許多成年人不理性與不負責任的行為。撰寫過程中，很遺憾，我們只能與其中少數幾人取得直接對話的機會，加上列入撰寫名單中的多數人身在太過遙遠的遠方，而我們能完成書稿的時間有限。為了盡可能呈現出當事人更具體的輪廓，我們閱讀了許多訪談記錄、專文報導和書籍，觀看他們發言的影像記錄，也在網路和社群媒體中查找相關資訊：有時候是實質意義上的抗議行動，有時候是由他們起頭的行為造成後續重大效應，讓這些原本尋常的兒童與青少年變成「年輕的造反者」。或也有些例子，起而抗議的兒童與青少年本身就是受害者。也就是說，本書介紹的兒童與青少年中，並非所有人都是在自願的情況下，做出那些被人視為叛逆的行為。

本書集結二十五位兒童與青少年的故事，寫下他們如何因應惡劣的時勢——無關乎事件的大小，或者最終是否能造成全球性的風潮，或具體改善當地的情況。他們的目的通常不是為了改變所在地的政治

或經濟體系，而是希冀盡以一己之力帶來改變：無論這種改變是為了更自由、更公義、更和平，還是為了保護環境，或更民主或更人道的被對待。

在書中，這些人開始踏出改變的腳步時，年紀最小的僅有四歲，最年長的是二十六歲——年輕是他們的共同點，但他們並不因此勢單力薄。這本書講述的還有那些受到熱情與信念感染的人的故事：可能是主角的同學、友伴、家人，或甚至是後來成為並肩作戰的戰友的陌生人。

我們寫下這些故事，這件事也改變了我們。這些「年輕的造反者」都成為我們某種道德上的指引。比如他們教會我們包容與團結，告訴我們何謂凝聚力，以及不輕易受到誤導而盲從。他們也已然成為我們的榜樣。

以上的心路歷程，是從母子兩代人的觀點出發，一本書就這樣完成了。它要呈現的是世界的樣貌，以及世界可以是什麼樣子。

在此，我們感謝昨日、今日以及明日的「年輕的造反者」。僅以《青春造反：二十五個閃耀動人的改變與革新故事》這本書獻給他們——當然，也要獻給所有讀者。期盼它能為讀者帶來新思維、喚醒你們的質疑精神，並鼓勵你們不斷提問、持續思考，或許它還能讓你們行動起來。

因為我們每個人都能貢獻一己之力，讓這個世界變成更美好的地方。

班雅明・柯諾德勒、
克莉絲汀・柯諾德勒，
2020 年一月於柏林和慕尼黑

YOUNG REBELS

25 JUGENDLICHE, DIE DIE WELT VERÄNDERN!

路易‧布雷爾

（Louis Braille, 1809-1852）

發明盲人點字系統者

> 「我們不需要同情，也不需要隨時被提醒我們是如何容易受到傷害。我們只需要平等的對待，而溝通是得到平等對待的方法。」[1]

如果沒有仔細注意，或許不容易察覺到那些平面上有許多突起的小點。但是對於盲人或是有視覺障礙的人來說，在日常生活中，無論是上班或上學途中、去看醫生，或者晚上出門和朋友聚會，甚至在藥盒、電梯按鈕或是火車站樓梯欄杆上的盲文，都很重要，它消弭了許多隔閡。而如今有這套盲文系統可用，都得感謝一位學子的堅持與努力。他的故事開始於 1812 年的一場意外。

布雷爾的父親在巴黎東郊的庫夫瑞小鎮（Coupvray）上有一座工廠。布雷爾被告知，不准單獨進入工廠裡面。父母這項禁令本是出於安全考量。因為布雷爾的父親是皮匠，製作的產品裡面包含馬鞍，加上產品製作需要用到很多皮革，所以工廠裡面有許多尖銳物品。有一天，布雷爾趁父母不注意的時候，跑去把玩這些工具，一不小心跌了一跤，其中一把錐子就這樣刺中他的眼睛。當時他才三歲，雖然經過醫師的診治，仍然無法讓眼睛復原。更嚴

重的是：受傷的那隻眼睛發炎，竟還交叉感染到另一隻沒有受傷的眼睛。於是，布雷爾在五歲時就全盲了。

從此以後他的生活到處充滿了限制，或應該這麼說，他生活上遇到的限制，其實是十九世紀那個年代的盲童普遍都要面對的問題。在那個年代，的社會對於殘障人士的態度不夠開明，因此失明的人往往要承受艱難的命運。這樣的社會氛圍使得盲人往往因為貧窮，無法受教育，更遑論進入大學就讀，有的最終不得不以乞討為生。幸好布雷爾的父母不希望自己的兒子成為社會邊緣人，只想讓他也過著一般孩子的生活，一如往昔。比如，他們理所當然地認為，布雷爾應該在家裡協助母親處理家務，或到工廠幫父親做事。誰說他不能單獨出門行動呢？布雷爾的父親給了他一支盲人用的手杖，讓他可以隨處走動，也讓布雷爾學著克服社會和周遭環境到處都可能出現對盲人造成不便的情形。布雷爾的雙親在他就學一事上也是抱持這樣的

態度，他們送布雷爾到地方上的學校就讀。他的父親將字母一個個用釘子釘在木板上，好讓布雷爾學習以觸摸的方式去辨識這些字母。

布雷爾是個非常優秀的學生，因此在小學畢業後就得到前往巴黎的盲人學校就讀的機會。那時候學校的校長自創了一套系統：他讓人將字母壓印在特別厚的紙張上面，讓失明的兒童和青少年可以觸摸並辨識那些文字。不過，這套系統對學生來說也不是非常理想。除了那些字母不易辨識外，這樣做出來的書本也非常沉重，不易拿取。因此這所學校在課堂上教授的內容以聽講為主，幾乎不教學生獨立閱讀與自學。

布雷爾心想，應該還有更好的方法才對，果然不久後，他就找到讓盲人更方便閱讀和書寫的方式。

他十一歲時，有一套由一位法軍上尉開發出來的「夜文系統」（Nachtschrift）引起他的注意。這套系統的字母主要由十二個在紙張上凸起的點組成。最初發想出這套文字系統的目的，是為了讓士兵在黑暗中傳遞訊息時，不會因為出現任何光線或是因為交談發出聲音而被發現。這樣想來，不也剛好適用於盲人嗎？

就理論而言，這樣的想法應該可行，但實務上卻有個問題：觸摸並辨識出十二個點的相對位置，同時把辨識出的字母組成句子的過程實在太複雜了。其他學生因此無法進一步學習——唯獨布雷爾相反，他不僅深入鑽研這個議題，還著手將原本的「夜文系統」進一步改良。

這個模範生白天上學，到了晚上就鑽研自己的盲文系統，睡眠時間常因此少於兩個小時。

1825 年，布雷爾終於成功了！當年十六歲的他，終於開發出滿意的文字系統。這套新的文字系統最多只需要用到六個點。排列方式就像骰子上的數字六一樣，以每三點做一行，呈兩行排列，並依點的排列方式——也就是根據可以摸得到的點和摸不到的點，來判斷摸到的組合是一個字母或數字。而這樣六個點的組合，讓盲人更容易用指尖辨識出來。

這真是一項重大的突破！布雷爾開發出的文字系統為盲人開啟了全新的可能。一時之間，所有的一切都變成可以讀得懂的內容。不僅如此，現在的新文字系統更方便他們書寫。布雷爾的同學為此都興奮不已。儘管如此，此時離這套文字系統真

的普遍通行還有一段時間。

　　一開始學校方面禁止使用這套文字系統。布雷爾從盲校畢業後，就順利獲得母校的教職，但這時盲校的新校長採取的原則是，不希望盲人和非盲人使用不同的文字系統。

　　幸好布雷爾並未因此氣餒。在教育現場的他，除了不斷改良自己打造出來的文字系統外，還開發出一套讓盲人可以讀譜的系統。布雷爾本人不僅熱愛聆賞音樂，在樂器演奏方面也很有天分。他會拉大提琴，後來更成為專業的管風琴師。他秉持著父母帶給他的信念活下去：失明不該成為藉口，阻礙他過自己想要的人生。

　　後來這套由一個學生發想出來的盲文系統終於得以通行，可惜布雷爾自己卻無法親身經歷這套系統通行國際的光榮時刻。在他四十三歲的生日後兩天，布雷爾因肺結核離世。

　　但他創造出來的盲文系統流傳下來了，並終於正式被承認為國際盲文。不僅如此，它更帶動了後續的許多發明，比如二十世紀初的點字打字機。如今，甚至可以在電腦上安裝一種特殊設備，將網路上的文章轉換成盲人可以閱讀的點字。

　　布雷爾身後一百年，即 1952 年，他畢生的成就獲得特別的尊榮。布雷爾的棺木移靈巴黎萬神殿，和法國的其他偉人安葬在一起。當時有一整排的盲人跟在他的棺木後方，送他最後一程。

　　由於布雷爾的堅持和毅力，今天的盲人才有機會閱讀書報和參與社交活動。如同布雷爾所企盼的——作為平等的人。

　　「我們盲人，」聾啞作家海倫‧凱勒（Helen Keller）於 1952 年提到：「要像全人類感謝古騰堡一樣，感念布雷爾。」[2]

　　而這位古騰堡先生可是發明活字印刷的人呢！

　　路易‧布雷爾，1809-1852。三歲時在父親的工廠傷到眼睛，五歲全盲。由於在學校學到的盲文不實用，因此早在就學期間就發展出自己的盲文系統。這套後來以他的名字命名的盲文系統，直到今日，為許多盲人實現了閱讀的夢想。

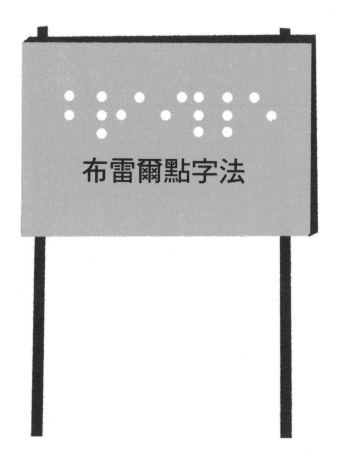

布雷爾點字法

葛莉塔・童貝里

（Greta Thunberg, 2003- ）

氣候保護運動少女

> 「這是人類有史以來面臨的最大危機。我們應該先意識到問題，然後盡快採取行動，試著去挽救那些還有救的地方。」[3]

人的一生中，或許會有那麼一天像葛莉塔・童貝里一樣突然意識到：夠了，我現在受夠了！現在必須有所改變，就是現在！

對葛莉塔來說，2018 年八月二十日就是這樣一個日子。當時她十五歲。她自己做了一個白色標語牌，在牌子上寫了寥寥幾個大字：「為氣候罷課」（Skolstrejk för klimatet）。

時序正值異常燥熱的夏季。葛莉塔沒像平時一樣到學校上課，而是舉著牌子站在斯德哥爾摩的瑞典國會前方。這個時間點離瑞典即將舉行大選的九月九日只剩三週。直到大選前，葛莉塔每天都到國會前舉牌抗議，選舉結束後就變成一個星期一次——這是「週五救未來」（Fridays for Future）的開端。因為必須有所改變了。而且，就是現在！

葛莉塔第一次在學校聽到關於氣候變遷的事是在八歲的時候。她得知，因為人類的不當行為導致地球暖化、極地冰層融化和海平面上升。這些都是會危及生命的大事。但就算這樣，也沒有人為此採取行動，或者不是真的那麼有心要採取行動。

葛莉塔無法理解這種現象。於是，她開始找資料。她讀過一篇又一篇的文章、一本又一本的書、研究統計資料、觀看相關影片，也在網路上搜尋相關資訊。她才知道，這樣繼續下去，水災、惡劣天氣、強風暴雨、森林大火和旱災將會接踵而至。緊接著就會發生飢荒，直到有一天地球上再也不適合人居住。

而那一天已經不遠了。

認知到這點讓葛莉塔感到沮喪。無論是地球的未來，或是她自己的未來，都讓她憂心不已。至此，葛莉塔不再說話、足不出戶，而且吃得越來越少。在學校裡，她一直像個局外人。別人無法理解她，也不喜歡她。用餐時間，她總是一個人坐在教室的最後一排。她常覺得自己像個隱形人。

現在其他同學開始霸凌她了。葛莉塔變得越來越孤單，狀況也越來越差了。葛

莉塔的母親瑪雷娜・恩曼（Malena Ern-man）是歌劇演員，父親斯梵塔・童貝理（Svante Thunberg）是舞台劇演員。葛莉塔在學校的情況讓她的父母親非常擔心，兩人帶著葛莉塔尋訪過一個又一個醫生，想要找出自家大女兒到底出了什麼問題。診斷出來的結果是亞斯伯格症（Asperger Syndrom），自閉症的一種。葛莉塔在2019年二月一次受訪時表示：

「如果不是亞斯伯格症，我應該就不可能走到現在這一步。」[4]

她話語中的「現在這一步」指的是她不會再視而不見，不會再被人隨意敷衍。她說的「現在這個地步」意思是，從此她要自己主動起來，再也沒有任何人或任何事可以阻止她。葛莉塔開始邁出一小步。現在她已經知道周遭環境的狀況有多糟，而且既然是她已經知道的事情，她就無法再像關電燈一樣輕易關掉它就沒事了。於是，她在家會隨手關燈以節約能源，她開始吃素，不再漫無目的地購物，每次購買前，她會想清楚自己到底是不是真的需要這件物品。

葛莉塔常與氣候研究員進行交流，不久後她自己也成為氣候方面的專家。她決定不搭飛機，並且也成功說服雙親和妹妹一起加入她永續的生活方式。她在小範圍，也就是她自己家人間能做到的，現在她也想帶動改造整個大環境。對此，她的說法是：不然她晚上會睡不著覺。

於是，葛莉塔接連每個星期在週五這一天到瑞典國會前舉牌，態度堅定、不屈不撓。至少外表看起來是如此。她自己則是下定決心：

「既然是沒人要做的事，我就覺得自己必須來做。」[5]

葛莉塔覺得自己在做的事多少和自我防衛有關。就這樣，她開始反對「氣候剝削」（Klimaausbeutung）和「對有未來願景的未來無知」的情況。

一開始只有葛莉塔獨自一人站在斯德哥爾摩市中心的廣場上，不久其他學生也罷課跑來和她站在一起。葛莉塔以她的決心和不妥協的態度，激勵了遍及全球各地的一整個世代，她的世代。只要是年輕人被問到是什麼促使他們發起抗議行動時，就會聽到葛莉塔的名字。無論是在澳大利亞、比利時、德國，或

加拿大、瑞士，甚至在波蘭和俄羅斯這些氣候危機和環境保護議題尚未形成輿論的國家，葛莉塔都已然成為「週五為未來而戰」活動的代表人物。如今，全球已有數百萬人加入這場抗議活動之列。

葛莉塔同時也槓上了全球幾位有力的當權者。她認為，那些成年人無法有所作為。他們既沒有責任感又懦弱。他們不講道理而且貪求無度。即便是那些大權在握的政治人物，最關心的還是他們自己的利益，一心只想著如何維持奢華享受、增加財富、提升權勢。這些人才不管他們的決策會把這個世界帶往何方。

2018 年十二月，葛莉塔前往波蘭卡托維茲（Katowice）參加第二十四屆聯合國氣候會議。她不僅與聯合國祕書長安東尼奧·古特雷斯（António Guterres）進行會談，還發表了一場演說。

「我是葛莉塔·童貝里。現年十五歲，來自瑞典。我謹代表『現在就要氣候正義』聯盟（Climate Justice Now）發言。許多人認為，瑞典只是個小國，所以在這樣的小國裡面，我們做什麼並不重要。但我認知到，要有所作為，任何人都不會太渺小。如果只是幾個小孩沒到學校上課，就能上世界各地報章媒體的頭條。那麼，請在座諸位想一下，如果我們真的想做，我們還能做出什麼事。為了要能做一些事，我們必須說清楚、講明白，儘管

過程可能令人不太舒服。」[6]

「說清楚、講明白」——這是葛莉塔持續在做的事。怎麼可能都已經舉辦了第二十四屆的世界氣候峰會，結果情況幾乎沒有任何改善？為什麼會這樣？葛莉塔的這場演說很快經由 YouTube 和其他網路管道散布開來。葛莉塔表達了她明確的目標：氣候危機應該被認定有危及性命的可能，並應採取行動加以反制。

她要求自己國家的政府遵守《巴黎氣候協議》（Pariser Klimaabkommen）的規範。該協議由全球一百九十七國於2015年十二月十二日共同簽署。協議中，各國約定承擔起更多氣候保護措施的責任，比如，各國應降低溫室氣體排放量，以將全球升溫幅度，相較於工業革命前的平均氣溫，限制在攝氏兩度以內。簡略地說，就是各國應負起自己的責任，大大減少排放到空氣中的髒污和廢氣。早在協議簽署的2015 年，大家都很清楚目標設定得太低了。將升溫幅度控制在攝氏兩度以內真的太少了，1.5 度其實才是對地球更好的方案。

即便如此，只要理解到讓各成員國同意簽署這項協議是一件多困難的事，只要看到美國和巴西兩國先後退出這項協議，就會知道《巴黎氣候協議》雖然仍有許多美中不足之處，但能走到這步已經算得上成功。至少已經朝正確方向邁出第一步——不過，當然前提是各國都能夠信守

承諾。

偏偏在這點上的進展不如預期。

因此葛莉塔提出，像瑞典這樣的富裕國家，應減少自己國內的溫室氣體排放量15％。葛莉塔並要求各工業國，在未來十到十二年內將排放量降低到百分之零。她認為，這樣做不僅關乎環保，也牽涉到公平正義。葛莉塔認為，不能讓貧窮的人繼續窮下去，而富者卻更富。不能放任世人繼續只付出一點點金錢就能享受富裕的成果。經濟上的成功不可能一直獲利，而且比其他一切都更被看重。然而，情況一如既往，始終沒有改變。

因此，為了在達沃斯（Davos）舉辦的世界經濟論壇（Weltwirtschaftsforum）上發言，葛莉塔於 2019 年一月前往瑞士。抵達後，葛莉塔仍舊帶著她的抗議標語牌坐在雪地裡。旅途中她還要努力惡補數學、複習生字。

無論在達沃斯的世界經濟論壇、法國史特拉斯堡的歐洲議會環境委員會，或是倫敦的英國國會，葛莉塔都慷慨陳詞，引據各種科學知識或提出政府間氣候變遷委員會（IPCC）提出的警告。

由於葛莉塔無論如何都不想搭飛機旅行，因此她出現在任何地方或到哪裡參加活動，她都混著搭乘火車、電動車，或是像她在 2019 年夏天前往紐約參加聯合國的氣候峰會一樣，搭乘競賽等級的帆船。批評她的人認為，開過去的帆船最終還是要有人把它開回來，而且記錄那段冒險航程的攝影師，必定也沒那閒工夫再以同樣方式耗時費工地回到原地——後來終究還是要搭飛機，而最後批評也指出，如果葛莉塔和她父親一開始就搭飛機進行這趟旅程，可環保多了：畢竟只有兩個人而不用一群人參與。如此說來，這一切都只是一場精心布置的演出，還是公關噱頭？又該

為氣候罷課

怎麼做才能和氣候保護取得平衡呢？

　　無論對葛莉塔，或對她想傳播的想法，和她所要爭取的目標而言，網路曾經很重要，如今對她來說卻變成惡意辱罵和誹謗的論壇。葛莉塔還只是個孩子，一個女孩。她應該好好上學、閉上嘴巴，把那些政治領域的事留給大人去處理就好。甚至，她最好嚇到驚慌失態。這些都還只是比較無傷大雅的攻擊而已。

　　但葛莉塔並未因此放棄。即使後來還發生當時美國總統川普（Donald Trump）在紐約刻意冷落她，或是俄羅斯總統普丁（Wladimir Putin）公開嘲笑她的事情，也都未曾讓她停下腳步。至於德國總理梅克爾（Angela Merkel）雖然話說得客氣，實際上在德國的環保政策上卻並未做出太大的改變。（註：因本書完成於 2020 年，指當時任職者）

　　葛莉塔持續參加在全球各地舉行的抗議活動。她和其他年輕戰友交流資訊，彼此之間互相加油打氣。她盡可能前往各地

聲援抗議活動，與現場的人一起遊行。在她以高分完成正規學校教育後，她暫時放棄繼續升學。對她來說，為環保而戰是更重要的事。她預計 2020 年才會重新回到學校讀高中。

　　葛莉塔因她為環保而努力的行動獲得許多表揚。她被美國《時代雜誌》（*Time Magazine*）評為 2018 年全球最具影響力的青少年，甚至入列 2019 年全球百大最有影響力人物。2019 年國際婦女節當日，葛莉塔被瑞典媒體選為年度最重要的女性。2019 年四月十七日，葛莉塔在羅馬晉見教宗——當時現場再次見到她舉著那塊如今已全球聞名的抗議標語牌。葛莉塔獲頒許多國家級與國際環保獎項，她將隨著這些獎項帶來的獎金，分發給各個致力於氣候正義的組織或團體。2019 年，葛莉塔先後獲頒「另類諾貝爾獎」（Alternativen Nobelpreis），並獲提名角逐諾貝爾和平獎。

　　時至今日，只要是葛莉塔現身斯德哥爾摩的瑞典國會前罷課抗議，來自全球各地的男女老少就會聚集到這個廣場上。於

　　葛莉塔・童貝里，生於 2003 年一月三日瑞典首都斯德哥爾摩。2018 年八月二十日星期五這一天，她在瑞典國會前開始了她的抗議行動：「為氣候罷課」。「週五救未來」運動即肇始於此。至今有數百萬在學學生響應這項運動。他們以 # 週五救未來（#fridaysforfuture）作為主題標籤，為保護氣候走上街頭。

是，經常可見葛莉塔像個重要的政治人物般被人牆簇擁、阻絕起來。如今，沒有一天沒有關於她的新聞報導。報導中有時形容她是紮著嚴實麻花辮的小女孩，時而稱她印證了長襪皮皮的力量。話雖如此，她也不時受到各種惡意的攻擊。就像 2019 年在羅馬發生的事：有個紮了辮子、身穿黃色雨衣的娃娃，被人吊掛在一座橋下。那娃娃一看就不得不讓人想到葛莉塔。另外也有一些人把她塑造成像是介於聖人、救世主和拯救世界的人之間的形象。

畢竟這也是我們時代的一種現象：當一個人被過度炒作，就很容易讓人看不見她原本的訴求。2018 年夏天，葛莉塔在一小方白色標語牌上寫了「為氣候罷課」幾個字。這個原本坐在教室最後一排、沒什麼存在感的少女，一夕之間成為知名的氣候保護社運人士。她專注於實現自己的理想，並且盡可能把握每一次發言的機會：只為了做她認為對的事，而這些事原本是每個人都該為改善氣候變遷問題而應做的。

艾瑪‧岡薩雷斯

（Emma González, 1999- ）

要求加強槍械管制法案的提案人

「在經歷過所有槍械暴力所帶來的傷痛和犧牲者之後，兒童看起來是唯一一群還有精力做出改變的人。」[7]

六分二十秒如何能讓人感覺像是無止境的漫長時間？

這個時間長度，約莫就是 2018 年三月二十四日，艾瑪‧岡薩雷斯在美國首都華盛頓特區演說的時間。

「六分鐘又大約二十秒，」那天岡薩雷斯是這樣開場的：「在六分鐘多一點的時間裡，我們失去十七個朋友，另外有十五人受傷。」[8]

岡薩雷斯口中所說的，正是讓她在 2018 年三月這個星期六，在一場名為「為我們的生命遊行」（March For Our Lives）的活動中站出來，成為最後一位講者的原因。

六分二十秒，2018 年二月十四日當天，發生在道格拉斯中學的校園槍擊事件前後，大概就是這麼長的時間。事件地點就在當時十八歲的岡薩雷斯所就讀的學校。有一個在一年前遭到退學處分的十九歲少年，在接近放學前夕踏入美國佛羅里達州帕克蘭市的這所高中，他全副武裝，槍殺了十七個人，其中有十四人是學生。

「擴及所有人，事件真的永遠改變了我們學區的所有人。在場的每個人都知道我的意思，受到過槍械暴力波及的每個人都知道我所說的。」[9]岡薩雷斯在演說中繼續說道。

她提到，當時由於對這場災難造成難以想像的嚴重程度還一無所知，案發後幾個小時仍令人感到很不安。接著，岡薩雷斯一一唸出受害者的名字。這些人從此再也沒有機會抱怨要上鋼琴課、沒有機會在夏令營嬉鬧或打籃球了。

再也沒機會了。

在岡薩雷斯唸完受害者人名後，她沉默了。她頂著一頭削短的黑髮站在舞台上約有四分鐘之久，身上穿的派克外套縫有許多圖案和標語。過程中她雖數度落淚，卻總是堅定地望向聽眾——看著那些同樣也在哭泣或強忍淚水的人、注視著他們的

臉龐。

「我站上舞台到現在，已經過了六分二十秒，」這是岡薩雷斯打破沉默後開口說的第一句話。「經過如此漫長的幾分鐘後，槍擊犯現在終於停止開槍。他馬上拋下手中的武器，混入逃出教室的學生當中。在他被捕前，竟然還能在附近兜轉一個多小時。所以，在別人決定你的命運之前，就先為你自己的生命而戰吧！」[10]

岡薩雷斯演說的影片流傳到世界各地，讓她因此出名。當她走下舞台時，掌聲響起。所有站在聽眾區，為了表達反對槍械暴力而來的人，都被岡薩雷斯所說的話和她想傳達的訊息深深感動。據岡薩雷斯所屬的主辦方表示，2018 年三月二十四日這一天，僅在華盛頓特區就有超過八十萬人到場聲援槍械暴力的抗議活動。

能讓華盛頓特區和其他城市的人同時走上街頭，當然也與美國當時的情勢有關。因為在美國，類似岡薩雷斯就讀學校發生的校園槍擊事件並非個案。美國雜誌《瓊斯媽媽》（*Mother Jones*）就曾整理出一份所有美國境內大規模槍擊事件（*Mass Shootings*）的列表。那份表單上列出 1982 年起，共一百一十七起這類型槍擊事件中，發生在校園的就有十七起之多。另外還有其他統計數據得出更高比例的結論。

大規模槍擊事件頻傳的原因之一是槍械在美國扮演的特殊角色。美國社會有一部分人堅決主張持有槍械，並主張在必要時刻使用槍械的權利。支持這種立場的人認為，這是他們自由權的一部分，這些人同時援引美國憲法為據，結果造成槍械在美國相對容易取得。有些大型連鎖超市甚至有自己的槍械販售部門。那些在「大規模槍擊事件」中使用的武器，通常也是肇事者合法持有的槍械——如同發生在帕克蘭市的槍擊事件一樣。只是槍械越流通的地方，因使用槍械而肇事的事件，發生頻率也越高，無論在街頭、購物中心、電影院或學校，不斷傳出死亡槍擊事件。因此美國也有許多人批評槍械管制相關法令的內容。

道格拉斯中學（MSD）槍擊事件不要再發生！

在就讀的學校發生槍擊事件後，岡薩雷斯成為美國要求限縮槍械管制法令活動上最為人所知的人物之一。在事件發生幾天後，道格拉斯中學的學生成立了「道格拉斯中學槍擊事件不要再發生！」（Never Again MSD）社團，岡薩雷斯也是這個社團的成員。她曾在《少女時尚》（teen-Vogue）雜誌的一篇文章中提到她的憤怒，她表示：

「不管其他人怎麼看這件事，但是今天活在美國的青少年受到最嚴重的生命威脅，竟然是擔心哪天會被槍殺。」

又提到：

「這個國家的年輕人一輩子都要經受槍械暴力威脅，只是為了成全那許多和槍械遊說團體同流合汙的人，或是自知無法有效改變現況的眾多政客和官員。」[11]

在校園槍擊案發生後不久，岡薩雷斯發表的首次演說已經引起許多關注。她在那次演說中呼籲年輕族群對政界施壓，要求他們通過更嚴格的槍械管制法。她當時堅定的態度令人印象深刻。隨後，岡薩雷斯與和她一起參與請願活動的戰友接受許多採訪、受邀上幾個在美國知名度較高的談話性節目，同時也自行撰寫文稿，並一度登上知名的《時代雜誌》封面。那期的封面照片上可以看到以岡薩雷斯為首的一群年輕學子——畫面中的岡薩雷斯雙手抱胸、眼神堅定地注視著鏡頭。

後來，岡薩雷斯在推特（Twitter）上註冊帳號，也在短短不到兩個星期的時間內湧入超過百萬追蹤者。

只是在過去和現在，她面對的都是強勁的對手。原因不只是在美國境內有許多人看重持有槍械這件事，更因為在當地一直有個極具影響力的遊說團體：「美國全國步槍協會」（National Rifle Association），簡稱 NRA——一如其名，所有限制持有槍械或限縮攜帶槍械權利的做法，都會受到這個組織強烈的反對。「美國全國步槍協會」會在選戰中金援政治人物，以藉此擴張自己在政界的權力和影響力。除此之外，也有許多企業與「美國全國步槍協會」合作，提供這個協會的會員消費上的折扣優惠。

岡薩雷斯和一起參與請願活動的人也

艾瑪・岡薩雷斯十八歲時在學校經歷槍擊事件。有感於這樣的事情不該再發生，她開始發起反對美國政界槍械遊說傳統的抗議活動。最終使得佛羅里達州縮緊當地的槍械管制法。

反對這樣的結構組成。他們要求這些企業終止與「美國全國步槍協會」的合作關係，並且初步得到部分企業的支持。他們公開譴責收受「美國全國步槍協會」金援的政治人物。這一連串行動為這些孩子樹敵無數。

關於岡薩雷斯的陰謀論流言四起，使得她在網路上遭到許多攻擊。幸好她並未因此退縮，反而再接再厲。結果在校園槍擊事件後一個月所舉辦的首次抗議活動中，獲得全美國境內約有三千所學校，總共大約百萬名學生集體罷課表態支持。

這場抗議活動的成果：稍後至少在佛羅里達和美國其他幾個州稍加限縮了槍械持有的相關法令。不過，這場學生運動期望法令規定還能更嚴格。

2019 年夏，「為我們的生命遊行」團體發起一項「讓美國更安全的和平計畫」活動。活動成員的訴求，除了要追究槍械遊說團體和槍械產業的責任外，同時也希望政界人士能聽到年輕族群的聲音。

目前，岡薩雷斯和活動參與者已經達到後面這一項訴求——如同她在演說中提到：

「全國的學子都表達願意盡一己之力的決心。現在輪到成年人決定，是否願意和我們站在同一陣線了。」[12]

克勞黛特・柯爾文

（Claudette Colvin, 1939- ）

民權運動者（爭取平等、反對種族歧視）

> 「要實現公平正義並不容易。因為公平正義並非以華美的詞藻索求就有。必得有人站出來明確指出：『這是錯的！』而這，正是我在做的事。」[13]

今天你們搭上一部公車，可以隨心所欲、想坐在哪個位置就坐哪個位置。如果剛好遇上沒有空位，又有比你更需要座位的人上車，那麼起身讓座可能是有禮貌或體貼的行為，雖然沒有人強迫你這麼做。

過去並非總是如此，也不是在任何地方都是這樣，尤其是這樣的概念並不適用於所有人。直到二十世紀中葉，美國許多州都還有所謂的「種族歧視」和「種族隔離」的情形。1861 年到 1865 年的南北戰爭中，北方各州聯軍打敗南方聯盟，因而得以貫徹打這場內戰最重要的目標：廢除奴隸制。進入二十世紀，南北戰爭雖然已經過去很久了，在許多美國人的腦袋裡仍然存有黑色皮膚的人是二等公民、社會地位較低的印象。

黑人和白人分區而居、上不同的教堂、在不同的餐廳用餐。白人和黑人的小孩上不同的學校。相比之下，黑人的小孩受教或職訓的機會較白人少，更遑論上大學接受高等教育了。乃至之後出社會，有份收入較好的工作，更是難上加難的事。此外，今日自稱為「有色人種」的黑人，在當時也不能和白人飲用出自同一個公共水龍頭的水、在服飾店中不准和白人使用同一個更衣室，甚至不能試穿想買的鞋子。黑人不准和白人使用同一間廁所、不能在同一處的洗手台洗手。明明是生活在同一座城市裡面、擁有相同國籍的人，但身處其中、隨時都可能與彼此碰面的每一個人，卻不見得擁有相同的權利。到處都有掛牌寫著：「有色人種」、「白人」，或是「黑人用」、「白人用」等字眼。隨處可見「種族隔離」的情況。

此外，南北戰爭幾十年後，美國白人還通過隔離白人與黑人的法律。黑人因為他們的膚色被貶低，所以出現「種族歧視」（Rassendiskriminierung）這樣的概念。違反相關法令的人，就會受到懲罰。

其中，吉姆・克勞法（Jim-Crow-Gesetze）中就有一條規範了在公共交通工具上的「種族隔離」做法。當時阿拉巴馬州

蒙哥馬利市的「高地花園巴士」（Highland Gardens Bus）也執行了這項規定。1955年三月二日的午後，克勞黛特·柯爾文決定不再遵守這條規定，故事於焉展開。

通常，要抗議的人會站起來、走上街頭，但柯爾文正好反其道而行：她偏要坐著不動。她違反法律規定，沒有讓位給白人婦女。為此，我們先來了解一下當時在公車上的「種族隔離」是怎麼運作的：前面幾排座位是白人專區，後面幾排是黑人專區，分區後剩下的中間幾排座位則由司機分配。黑人乘客雖然可以坐在這幾排中間的座位上，但只要有白人乘客要求座位，他們就必須讓座。而且，不只是被要求讓座的人要站起來，整個中排座位區的黑人都要站起來，這樣一來，才能確保切實執行「種族隔離」政策的規定，不會讓白人「被迫」坐在黑人旁邊。

1955年三月二日那天，事發在柯爾文從布克·T·華盛頓高中（Booker T. Washington High School）放學返家途中。當時十五歲的柯爾文坐在中間座位區一個靠窗的位置上，同一排座位另有三個女同學。可以想像當時這四個女孩在車上閒聊和嬉笑的場景，或如柯爾文的回憶，在學校漫長而疲累的一天終於結束後，幾個女孩終於可以做點白日夢。因此一開始她們並沒有察覺到有個白人女子上車，而且刻意站到她們坐的那排座位旁，意思是：妳們這幾個女學生該讓座啦！不久後，公車司機也出聲，要求柯爾文一行人讓座。柯爾文的三位同學馬上站起來，往車廂後方走去。只有一人繼續留在座位上，那人就是柯爾文。

柯爾文拒絕讓座，即使司機羅伯·W·克利爾（Robert W. Cleere）明確要求她起身。柯爾文繼續望向窗外。後來司機甚至直接走到她的座位旁，對她大聲咆哮，她也不為所動。

「如果對方是位年長的白人女性，或許我就會站起來了，」2018年在一次訪談中，柯爾文回憶起當時的情況說道：「但那時候，要求座位的可是一個年輕白人女性！」[14]

不僅如此，柯爾文還依規定買了車票——在司機要求她下車時，她也向司機

表明了自己的立場。接著，司機先後招來一名交通警察和兩名巡警，而且這些人都命令她起身，柯爾文也以此為由拒絕。十五歲的柯爾文堅持坐在座位上，直到幾名警察扔掉她拿在手上的課本、抓住她的手臂，把她從座位上拖出來。過程中，她很快反應過來，於是她不反抗，而是不斷大聲並且明確地重申，憲法上保障所有美國公民受到同等對待，這是她的權利。於是她被銬上手銬，關進牢房裡：

> 「當時我真的害怕極了。就像置身西部電影的情節中，警察把抓到的土匪推進牢房裡面一樣，之後你只聽到上鎖的聲音。那聲音，到今天都還常在我耳邊響起！」[15]

幾個小時後，柯爾文的母親偕同一位牧師前來繳了保釋金，她才被釋放出來。「柯爾文啊！妳終於還是做了。」母親這樣對她說。而她的父親手上握著一把已經上膛的手槍，徹夜未眠，只因害怕夜裡隨時會有白人來襲。

一個十五歲的女孩怎麼會有這樣的想法，讓她做出這些事？她哪裡來的勇氣？當時柯爾文是簡稱 NAACP 的黑人民權運動青年團成員，該組織全名為「全美有色人種協進會」（National Association for the Advancement of Colored People）。在校時，柯爾文已經對非裔美國人的歷史有所了解。她聽聞過倡導「廢奴主義」（Abolitionismus）的廢除奴隸運動，也寫過一篇論述「種族歧視」的文章。

後來，已經成年、住在紐約的柯爾文表示：

> 「那天說什麼我也沒辦法站起身來，因為過去的歷史把我牢牢釘在座位上。我感受到一邊的肩膀上有哈莉特・塔布曼（Harriet Tubman）的手，另一邊肩上是索傑納・特魯斯（Sojourner Truth）的手。我感受到，她們兩人的手都傳來一股力量把我按在座位上。」[16]

這是如何有恃無恐的力量！多好的兩個榜樣！塔布曼和特魯斯都曾親身經歷過奴隸制度。兩位女性在勇敢擺脫被奴役的命運後，也都加入廢奴運動。在美國南北戰爭期間，塔布曼協助許多奴隸逃亡。而特魯斯在成為女權運動家和巡迴宣教士之前，就已經表態反對公共交通工具上施行的種族隔離規定。因為這種種族隔離政策不僅是不平等的做法，更是對人的例行羞辱：白人不願意身邊有黑人的存在。白種人顯然自認為是更優越的人種。在當時的社會氛圍下，黑人受到鄙視的事例隨處可見。

柯爾文也飽受不公義之苦。然而，或許因此才能讓她追隨這些為自由奮戰的非裔美國人前輩的腳步，往前更進了一步：當她被指控「違法亂紀行為」及「違反奠基於國家權力之上的種族法」時，她拒絕

繳交罰款與「閉上嘴巴」這兩件事——結果，她就被告上了法院。這在蒙哥馬利市是史無前例的。於是，一些黑人教會和 NAACP 發起為她籌措律師費的活動。這場官司的最後，柯爾文因涉嫌「攻擊」兩名警員而被判緩刑，且不得上訴。

在柯爾文的自發性抗爭活動九個月後，又有一名女性在公車上沒有讓座給白人男性——這個人是四十二歲的裁縫羅莎・帕克斯（Rosa Parks）。柯爾文和帕克斯早在 NAACP 青年團就認識彼此，兩人後來成為「蒙哥馬利公車抵制運動」（Busboykotts von Montgomery）的代表人物。

面對規模如此之大的抗議活動，柯爾文當時十五歲，年紀會太小嗎？外界對於這個問題一直有不同的揣測。隨同養父母在蒙哥馬利市一個貧民區長大的柯爾文事後回憶認為，有這種說法的原因是，黑人中產階級不希望她成為眾人的表率。再者，她懷了一位已婚男士的孩子，這樣的形象也不符合外界對於表率人物的想像。另外，也有一些人認為，這個女青年無所畏懼和堅定的態度讓 NAACP 的主事成員感到不安。他們不確定：有辦法掌控一個這樣叛逆的年輕人嗎？

確定的是，在 1955 年三月二日柯爾文的自發性抗爭活動之後九個月，NAACP 才意識到可以藉此做些什麼。於是，NAACP 開始在大街小巷發放傳單，呼籲城裡的黑人不要再搭乘公共交通工具。這個活動得到壓倒性、幾近百分之百的支持聲量。聲援活動的人在長達三百八十一個日子裡，不是步行，就是組織共乘小組，而黑人計程車司機也僅收取象徵性的車資，以表達他們的支持。市政府因此減少不少收入，導致公車票價相應調漲。即便如此，蒙哥馬利市政府仍不願讓步。

接下來，便是由馬丁・路德・金（Martin Luther King）等人權鬥士帶領的一連串抗議遊行活動，而談判也得以持續進行。

十六歲時，柯爾文再次上到法庭。因為她身先士卒，是第一批勇於在公車上違反《種族隔離法》規定，並把蒙哥馬利市政府一狀告上法院的四名女性中的一員。如同柯爾文於 1955 年三月那天在公車上的論述，這幾位女性論辯的依據是美國憲法第十四條修正案中，保障所有美國公民的平等權益。

1956 年五月十一日，柯爾文以證人的身分被傳喚出庭。法庭上，蒙哥馬利市政府的委任律師問道：

「請問是什麼原因讓您從十二月五日起不再搭乘公車？」據聞，柯爾文當時的回答是：「因為我們受到不當的、惡劣且非善意的對待！」[17]

直到美國最高法院於 1956 年十二月宣布種族隔離政策違憲後，蒙哥馬利市的

公共交通工具才重新讓柯爾文上車。

　　柯爾文在整個事件後成為人人眼中的英雄了嗎？她為自己的異議行動感到自豪嗎？沒有。事實上完全相反：她在校園裡遭到嘲笑，原本的朋友離她而去，不僅讓她失去勇氣，也讓她一直懷疑自己是不是做了什麼錯事。柯爾文在十八歲時遷居到紐約。其後五十年，她一直在曼哈頓的一家安養機構以護理師為業。多年來，她絕口不提自己的經歷。要到她的孩子都長大離家，她也退休，成為祖母後，她才開始公開談論自己年輕時的抗爭歷程。

　　因為唯有有人願意大聲而明確地說出什麼是錯的，才有改變的可能。1955年，十五歲的柯爾文開了一個先例：在美國為反對種族歧視、為自由而戰。

自由！

克勞黛特‧柯爾文，生於 1939 年九月五日。十五歲時，她是在公車上反抗當時的「種族隔離」政策規定的第一人。起因是她在 1955 年三月二日拒絕讓座給一個白人。她的「公民不服從」行為，替後來阿拉巴馬州的「蒙哥馬利公車抵制運動」揭開序幕，並最終取得廢除公共交通工具上種族隔離政策的成果。

克爾文・竇

（Kelvin Doe, 1996-）

發明家、工程師、廣播電台主持人

「創意無所不在，而且往往就在意想不到的地方。」[18]

一說到發明家，或喜歡自己動手修補物品的人，或是大部分技能自學而來的工程師，會讓你想到什麼？或許是個頂著一頭亂髮的瘋狂老教授，也可能還會讓人聯想到一間嚴謹的實驗室，或是一個裝備齊全的工作室。這些印象可不適用於克爾文・竇這個人。但可以確定的是，他一直是個發明家，而且充滿好奇心。如同他曾說過：

「我想，熱情是發自內心，並非外表就能看得出來。」[19]

克爾文還是個小男孩時就對發明一事充滿熱情。在家中，他在五個兄弟姊妹中排行老么，由單親的母親扶養長大，住在獅子山首都自由城的一個貧民區裡。由於家境貧寒，他們的生活並不好過。幸好他母親自信樂觀的心態，總有辦法克服所有難題，而克爾文也從她身上學到很多東西，比如毅力這一特點。在他未來的人生路上，他還會需要用到毅力這項人格特質。

十一歲開始，克爾文就經常在放學回家途中蒐集一些電子廢棄物。他會在垃圾桶裡翻找特定零件，因為他沒有錢去買這些東西。回到家中，他會把蒐集到的舊機器全部拆解開來，因為他想了解這些機器是怎麼運作的。然後他會嘗試修理這些機器，有時也會用各種舊零件組成新的機器。

他經常在深夜進行他的組裝工程：只要他早點上床睡覺，他就可以在眾人熟睡的午夜過後不久醒來，用工具盡情拆裝滿是線路和插頭的機器，把家裡的客廳弄得像座電子廢棄物處理場。這期間，他母親多半會不定時醒來，把他趕回床上睡覺。

克爾文很快就注意到，原來從那些被別人視為垃圾的東西，還能做出點什麼來——或者應該說，是他還有辦法從中變出一些花樣。他可以讓那些東西重新運作起來，例如收音機。於是，他在鄰里間開始小有名氣，因為即便是在獅子山，收音機對當地人還是非常重要。有了收音機就可以聽新聞播報和音樂，知性和娛樂兼具，而克爾文是有辦法修理收音機的人。

不過，這只是這個小男孩的第一步。不久後，克爾文就打造出一部能把不同音源混音後再播放出來的機器。他甚至還為機器接上麥克風。有了這些功能，他就能成為廣播電台主持人。克爾文自稱「聚焦 DJ」（DJ Focus）。這個名號的由來是因為他在發想組裝這些機器時，總是非常專注。

他也會在街坊間的私人聚會上，為人播放音樂以賺取些許零用錢。

不過這樣做還是會碰到一個問題：因為大部分賺來的錢都用在買新的電池上了，加上電池所費不貲，這樣下去還真不是長久之計。幸好克爾文並不因此退縮，他反而開始做起實驗：他拆解了一顆電池，仔細觀察電池內部的構造，接著試著自己組裝電池。果然，在經過幾次失敗的試做之後，最後終於成功了！自此克爾文播放音樂需要的電力不僅能自給自足，還能造福鄰里，主要還是歸因克爾文住的區域經常停電使然。後來克爾文曾提到，那裡雖然有燈，但大概一個星期就只亮那麼一回吧！其他時間盡是漆黑一片。有了他造的電池，就能點亮更多燈了。接下來，克爾文再接再厲地找尋他的下一個大工程。

由於他自己喜愛聽廣播中音樂頻道主持人的節目，他開設了自己的廣播電台。此時，他仍不斷從垃圾堆裡面收集廢棄的電子零件！他不斷在無數的夜裡為打造自己的電台努力，經歷數不清的失敗，又再從頭開始——想要開設自己的電台，這想法還真是一個耗時費力的大工程啊，有時又真令人洩氣！還好幾個月後終於有了成果：克爾文的電台開播了！

由於他使用的第一個頻道歸屬於獅子山一家有名的廣播公司，開播後，差點讓他嚐到失敗滋味，而當時克爾文的母親也非常擔心自己的兒子因此招來警方找麻煩，一度要求他拆除無線電天線。克爾文的做法是以改換頻道因應，終於使得他的廣播節目「聚焦DJ」可以順利再度播放。

克爾文的電台以發電機供電，這部發電機當然也是由他自己組裝的。此時克爾文不僅解決了自家用電的問題，還能方便附近的人為自己的手機充電。畢竟他所做的一切，最終目的仍然是：希望能幫助朋友、造福鄰里與親友。

克爾文因自己的廣播電台成名，讓他有機會雇請友人擔任記者。在這個層面，克爾文也著眼於大局。對此，他曾提到：

「我們的社區有了電台後，住在裡面的人才有機會討論與自身周遭相關的事務——這也適用於以獅子山這個國家作為一個大社區而言。」[20]

克爾文，這個用電子廢棄物發想組裝出來的東西改善鄰里生活的男孩，出名了。地方報紙和電視台都注意到他。這時，克爾文帶著自己組裝的收音機參加一項「創新大賽」，並進入決賽。最重要的是，克爾文在參賽過程中，認識了同樣也是出身獅子山的大衛·盛格（David Sengeh）。盛格當時正在美國名校攻讀博士學位，而且是這場創意大賽的發起人。對克爾文來說，盛格就是如同精神導師一樣的人物。這樣的機緣，讓此前鮮少有機會離家超過十五公里距離的克爾文，得以出發前往美國。來到美國後，克爾文進到全球最好的理工大學，簡稱 MIT 的「麻省理工學院」，參加一項參訪計畫。對當時年僅十五歲的克爾文而言，真是莫大的光榮！一般說來，這類研究計畫只會邀請已經爬上職涯階梯頂端的專業人士參加。

克爾文是有史以來最年輕的參加者。

他盡情吸收他在美國學到的一切。這時有許多人稱他為「從自由城來的神童」，而克爾文在美國的這段期間也被拍成紀錄片，這部片子在影音播放平台 Youtube 上大受歡迎，短短幾個月就達到超過四百萬次的點擊率。如今的點閱數更已超過一千五百萬次。

就這樣，克爾文變成獅子山的名人，成為當地許多兒童和年輕人的榜樣。他應邀到許多國家演說。在他首次為講述自己的故事前往美國時，還曾經因為「就是在 Youtube 影片上出現過的那個男孩」，在街上被人指認出來。此外，克爾文還榮獲獅子山總統以一枚真正的黃金獎章表揚。

目前克爾文住在加拿大，並在當地大學就讀，但他仍期待自己有一天能成為獅子山的總統。願望實現前，克爾文還會不斷以他的發明改善獅子山同胞和其他非洲國家人民的生活。為此，克爾文積極投入研發新型、環保的發電方式，同時成立「克爾文·寶基金會」（Kelvin Doe Foundation）。克爾文希望藉此鼓勵非洲青年，積極提出創新的解決方案以解決自己生活周遭地區所遇到的問題和挑戰。

克爾文·寶，出生於 1996 年十月二十六日。他在非洲獅子山首都自由城一個貧民區長大。因為家裡沒錢，他只能在自家附近的垃圾堆中翻找各種電子廢棄物，再利用這些電子廢棄物中的零件，組裝成新的機器。他發明的東西不僅改善了整個鄰里的生活條件，也讓他成為獅子山許多兒童看齊的對象。

如果有人知道這樣做行得通，只因他
相信到處都有還沒被發掘的人才、熱情和
發明的奇才，那這人就會是克爾文・寶。

阿米卡‧喬治

（Amika George, 1999- ）

女權運動者

「校園內應提供免費的衛生用品——這是人權。」[21]

貧窮有很多面孔。其中一種可能就是年輕女性買不起生理期需要的衛生用品。這樣一來就會有嚴重的問題，因為其中一些人可能勉強在內褲上墊衛生紙、報紙、裁剪成長條狀的舊 T 恤衫或是舊襪子。也有一些人會重複使用衛生棉條，這樣做可能引起發炎，是非常危險的做法。甚至有些人一到生理期就乾脆不去上學。沒有生理用品讓她們覺得自己的行動因此受到限制、沒有安全感、不自在，以至於她們無法專心在學校課業上。所以她們情願每個月平均有一個星期不到學校上課。

有些女孩第一次來月經時才十歲，甚至有小到七歲的年紀。這些女孩常必須獨自面對一個不該成為問題的問題，因為那本來應是世界上再自然不過的一件事。

只要有機會上網搜尋，了解如今已成年的女性如何談論「經期貧窮」（Period Poverty）這個議題——顧名思義就是因為生理期，每個月都要重複出現的窮困景況——就可以知道，每當這些女性回想到她們童年或青春期面臨的窘境時，至今仍能感受到那份錯愕與羞恥感。照理說，這樣的事情不該發生。

阿米卡‧喬治偶然間得知，女性是因為這種原因而貧困的特殊族群。她坐在餐桌前，吃著早餐麥片，簡直不敢相信自己恰巧聽到新聞播報的內容：「我不得不放下手上的湯匙。」[22]事後她憶及當年十七歲的自己完全無法想像，竟然有「經期貧窮」這樣的事情，還是在自己身處的國家、在英國，在這個被認為已經很開明的時代！

「當時還在讀高中的我感到非常訝異，明明是很正常的生理現象，卻會對女孩子的學校課業造成這麼大的障礙，讓她們沒有同等受教的機會。我認為這是政府漠視這個問題的結果，所以我才發起為經濟弱勢家庭的女孩免費提供生理用品的活動。」[23]

阿米卡的行動是自發性的，具有人道精神且務實。她看到的是：男孩子使用的廁所裡，諸如衛生紙這類物品一應俱全。但是女生在生理期還會用到衛生棉條和衛

生棉。為什麼就沒有免費供應這部分的生理用品？真是非常不公平！

另外還有幾個數據也讓她感到震撼：在英國，十四歲到二十一歲之間的女性，竟然有十分之一負擔不起購買生理用品的費用。僅在 2018 年這一年，就有超過十三萬七千人因為「經期貧窮」而無法到學校上課。

據《赫芬頓郵報》（*Huffington Post*）報導，若依女性的平均壽命推算，女性一生大約有二萬一千歐元是用在購買生理用品上。這是一筆為數不小的金額。不過，至少這時她已經知道：她關注的是一個迫切需要解決，且影響層面很廣的社會政策議題。

為了讓這個議題受到更多人關注，她在 2017 年春季發起了名為「#免費生理期」（#freeperiods）的請願運動，訴請政府提撥經費，讓英國境內的學校單位可以免費提供生理用品。她在幾個星期內就蒐集到兩千個簽名連署。這個請願活動最後成功得到近二十八萬人支持。2017 年十二月，阿米卡還組織了一次抗議遊行活動。超過兩千人到場參加那次抗議活動，其中也有一些男孩。來參加抗議活動的人身戴紅色圍巾、帽子、外套、T 恤衫。不僅因為紅色是個

美麗的顏色，他們也想傳達：生理期是每個人的事──無論是女孩、成年女性、成年男性、男孩。

與此同時，阿米卡也意識到：月經根本就不是什麼見不得人的事，就像傳說中，鸛鳥會帶來孩子一樣，都是不合時宜的迷信。然而時至今日，仍有一些社會、文化體系和信仰視月經為不潔，因此也不去談論相關議題。但有時正因為是禁忌話題，才更需要提出來討論，也才有解決問題的可能。對此，阿米卡表示：

「我們談到月經時，不要再只是竊竊私語了。我們應該公開、正常地談論它，就像在跟別人說我們前一天午餐吃了什麼一樣。」[24]

俗話說：「不敢大聲說的，一定有鬼。」如果套用在阿米卡努力爭取的事情上，那就是「那些不敢大聲說出口的人，說得極端一點，就是在女性生理期期間將她們排除在群體之外的幫兇。這種行為猶如是把她們驅趕到室外，讓她們在戶外睡覺。有些女孩子從生理期開始，整個生理期都無法到學校上課，那些不敢大聲說出口的人都該為此負起責任。

竊竊私語，並不能阻止任何事情的

發生。

如果不敢大聲說出來，就不會有任何改變。

至此，阿米卡開始提高音量，比如2017 年十一月在 TED 演講的場合上，她把握機會接觸其他年輕女性，並與她們交換經驗。她也訪問了推廣女性受教權的社運人士馬拉拉。她提出問題，也用心傾聽別的女孩告訴她所聽聞過關於月經最荒謬的傳說和最誇張的偏見。她自己覺得最有趣的說法是這樣說的：正值生理期的女性絕不要從事露營活動，因為經血的氣味會引來熊出沒。不會是認真的吧？正是！幸好，阿米卡如今提到這類大小故事都能微笑以對。畢竟，笑往往是最好的藥物。但這一笑聲同時也是不可置信和不安的笑，因為這表示：自信地面對月經議題是非常有必要的事。

到現在，「#免費生理期」活動關注的議題早已擴及女性的基本權益。更重要的是：一如阿米卡所言，免費取用生理用品是一種人權。那些每個月裡有長達一週期間無法到校上課的女學生，課業自然會跟不上進度。這種情況必須有所改變。因此，「＃免費生理期」活動，代表的也是教育平等、機會平等，以及一種與時並進的女性自我形象。

如今，一個容易受到情緒左右的女高中生已然變成堅定的女性主義份子。可以確定的是，如果是男性有生理期，生理用品不只可以享有免稅優惠，甚至可能完全免費提供。實現這個理想是阿米卡要繼續努力的目標。因此阿米卡和「免費生理期」組織也支持致力於提供免費生理用品的「紅箱子計畫」（Red Box Projekt）以及「粉色抗議」（Pink Protest）活動。

2018 年，阿米卡因為她的貢獻獲頒比爾與梅琳達・蓋茲基金會（Bill & Melinda Gates-Stiftung）與聯合國合辦的「全球守門員獎」（Global Goalkeeper Award），並多次被《時代雜誌》評選為全球最具影響力的二十五位青少年一員。

此外，目前在劍橋研讀歷史的阿米卡也在政策上取得了重大勝利：繼蘇格蘭之後，英格蘭也自 2020 年一月二十日起，在所有的公立學校與大專院校內免費提供

＃免費生理期

女性生理用品。

　　然而，全球仍有數以億計的女孩受困於「經期貧窮」問題，因此阿米卡持續撰寫文章，發表在諸如《衛報》（*The Guardian*）這樣的報刊雜誌上，或是上談話性節目，站上講臺談論生理期和「經期貧窮」可能帶來的問題。她在台上有魅力、自在，自我形象良好又充滿自信，讓她能為那些無法為自己作主或無法站出來為自己說話的女孩和女性慷慨發聲。阿米卡也善用了所有她能觸及的管道。她說：

　　「我們在數位時代長大，同時認知到身為青少年也能帶動政策上的改變，並進而影響到全世界。（……）世界各地都有年輕人為自己的信念挺身而出的例子。我認為，未來必定也會這樣繼續下去。」[25]

　　一個十七歲年輕人的抗議可以帶來政策上的改變。阿米卡已然成為這場特別的女性運動的代言人，及一個開明社會的榜樣。如今的社會不再無法公開談論「經期貧窮」，早已經可以大聲說出這原本就是屬於這個社會群體的一部分。現在大家都聽得到：生理期是一件很自然的事。而紅色是美麗的顏色。貧窮和「經期貧窮」不該成為女孩和女性個人發展的阻礙，而是這個世界可以共同承擔的事。

　　阿米卡・喬治十七歲時就發起「#免費生理期」（#freeperiods）的請願活動，要求英國的學校免費提供衛生棉和衛生棉條。這個訴求引發全球要求在學校和大專院校免費提供生理用品的一連串活動。因為「免費生理期」既是女權議題，也關乎教育平等。

修特茲卡特·馬丁內茲

（Xiuhtezcatl Martinez, 2000- ）

環保運動者

「年輕人已經準備好用他們的藝術、詩歌和音樂來參與和接手這個世界的事務。這當然是因為我們是未來的世代：不僅如此，更因為我們已經在這裡，而且已經迫不及待要改變這個世界。」[26]

　　修特茲卡特·馬丁內茲喜愛大自然，因此他很早就發現，有些事情完全是不對的：早在孩提時期，他就注意到，人類對地球的不友善與破壞行為。意識到這一點，讓這個小男孩感到很恐懼，因為他覺得自己和地球有緊密的連結之故。他的母親曾經在一次電視訪談中提到：

　　「我還記得他小時候在森林裡奔跑的樣子，那模樣可以讓人感覺到他與大自然之間有很深的連結。我們一家人也經常討論可以為地球做些什麼。應該就是這樣的關係吧！」[27]

　　這種感受和修特茲卡特的祖先也有關係，尤其是他父親那一邊的祖先。他的父親來自墨西哥，確切地說，是來自當地的原住民族。歐洲人入侵美洲大陸前，這些原住民族世世代代都住在中美洲。歐洲人進入後，在當地建立起殖民地，並且破壞許多在地的物品或將資源運送到歐洲。

　　修特茲卡特是阿茲堤克人的後代。他的名字就訴說了他的血源。自小他就受到這樣的文化遺產薰陶，浸淫在阿茲堤克習俗以及其看待世界的特殊方式中長大。這是先祖留給他的文化遺產，讓他深受影響，包含深信地球是神聖的，而生活在其上的生命和大自然應該受到保護，加上地球是包括人類在內的所有生命賴以維生的基礎，因此，地球上的一切都與彼此脫不了關係。所以人們應該重視與保護大自然，畢竟自身和下一代的生存最終都要仰賴它。

　　正因如此，我們這個世代對待生態環境的態度讓修特茲卡特感到挫敗不安，也就不足為奇了。現代人不尊重大自然，而是用盡心思想著怎麼剝削它，這種心態讓這個小男孩氣憤不已，他想要改變這種思維。他六歲時首次站上講臺，宣揚善待大自然和生態環境的理念，他希望世人能有所覺悟。他想要告訴大眾，他對地球現況的感受，期盼成年人為此承擔起責任。

他站在講臺上，穿著一件米色的上衣，下半身穿的是一件洗到褪色的牛仔褲，一頭及肩黑色長髮。面對臺上的麥克風架，他的個子還太小，所以他一度必須把麥克風往下拉向自己。不過，他的活力和自信並未因此受到任何影響。他以阿茲堤克祖先的語言謝過風、火、水、土四大元素，感謝這四大元素賦予人類生活所需的一切。這個小男孩的演說一次次被觀眾的掌聲打斷。觀眾席上有成年人，也有兒童。

他五歲時曾經說過，他想要關閉大型集團公司的廠房，他認為，這些工廠就是剝削地球的罪魁禍首。在他首次公開演說的這一天，他提到每個人都能為保護地球做到的一些小事。他建議不要購買大型集團公司的產品，提醒大家不在房間時，要記得隨手把燈關上，也不要任意讓水龍頭的水流個不停。

「只要大家一起努力就能做得到。」[28]演講到最後，他這樣表示。

當年六歲的修特茲卡特已經算得上是環保運動人士了嗎？他後來在他寫的書中提到，當時他真正的目的並不是成為一名環保運動人士，他只是想告訴世人他擔憂的事。儘管如此，修特茲卡特從那時起就沒離開過舞台，他持續為保護環境而努力。不過，讓他努力不懈的還有另外一個原因：除了來自父方的文化遺產，還有他的母親獻身於環保事務，也有助於修特茲卡特的理念之戰。修特茲卡特的母親積極投入環保事務，早在 1992 年就與幾位志同道合的朋友共同創辦了「地球守護者」組織（Earth Guardians）。如今她自己的兒子修特茲卡特也是這個組織裡面的重要成員。

「地球守護者」這個組織一如其名，做的就是守護地球的事。

「地球守護者」組織旨在提升社會大眾的環保意識，鼓勵全球年輕人積極參與氣候與環境保護運動，並為社會正義挺身而出。至於該怎麼做，他們則對延伸出來的創意完全不設限：無論是藝術創作、音樂或公民參與──目的都是為了打造一個可以和大自然永續共存的世界。

要做到這件事，當然就得改變人類的觀念。

修特茲卡特現在是「地球守護者」青年團團長。同時，只要是力所能及的地方，他也持續宣揚他的環保理念，一如他

從小就在做的事。當時他強烈主張，公園裡不要再噴灑農藥，或是反對使用水力壓裂法（Fracking）開採油礦。因為所謂的水力壓裂採油法，就是把混入化學藥劑的溶液，以高壓方式填注到土壤裡面，以獲取石油和天然氣的工法。反對水力壓裂採油法的人認為，這種方式極可能汙染地下水源，更別說水力壓裂法一定會對土壤造成傷害，因為進行過水力壓裂法的土壤裡面會充滿縫隙，這是為取得能源要付出的高昂代價。而這一切都只是為了賺錢考量，而且是利潤豐厚——至少對某些人而言。

在這件事情上，修特茲卡特也不願妥協。於是，他又一次意識到自己之前說的話是什麼意思。在他長大的美國科羅拉多州，就很常見以水力壓裂法採油，其結果就是一幕幕無法視而不見的慘狀。除了在幾張照片上可以看到雄偉的洛磯山脈，群山的山巔被白雪覆蓋的景象，可以看到清澄的湖水和美麗的森林：好一幅風景寫真集裡的美好景色！但在另一些照片中卻完全是另一幅景象：鑽油平台聳立在一片荒涼的大地上，周邊搭起圍籬，還掛上警示標牌。有些採用水力壓裂法的鑽油平台，甚至鄰近住宅區或戶外的兒童遊樂區。

修特茲卡特想要終止這樣的情形。他發起抗議遊行，讓參與者群情激憤——果然因此讓用水力壓裂法採油的工程停頓下來幾次。

修特茲卡特的行動為他樹立了許多有權有勢的敵人。在一部關於他的事蹟的紀錄片中，他回想到他的家人曾受過來自石油與天然氣業界的威脅。為此，他的母親有段時間還不肯讓他放學後獨自一個人回家。

即便困難重重，修特茲卡特不曾停下他抗議的腳步。他不斷宣揚他的環保理念，並利用任何可能的機會告訴世人他要爭取什麼。截至目前為止的重大成就是：2015 年，他偕同另外二十名青少年對美國政府提起訴訟。這二十一位年輕人所指控的是，美國的當權者不僅對破壞地球的行為毫無作為，甚至還加速毀滅地球。這種做法無異於漠視年輕人的自由權與生命安全。提起告訴的年輕人希望藉由法律管道，促請政府提出具體措施以減少溫室氣體的排放。

2020 年初，在接近為期五年的訴訟過程後，這群年輕人敗訴了。然而，判決

修特茲卡特‧馬丁內茲，於 2000 年五月九日在美國科羅拉多州出生。六歲時就站上講臺，向世人宣導保護環境的重要性。此後，他組織了幾次遊行活動，抗議政府面對氣候變遷的無作為，並於 2015 年提告美國政府。此外，他還是一位嘻哈歌手。

書上的理由明確提到，人民選出來的政治人物應該負起道義上的責任。他們應該找出解決氣候危機的方法並付諸實行。

由於修特茲卡特的投入和堅持的毅力，如今他已成為知名的環保運動人士。他早就無法再過著一般年輕人的平凡人生。他每天的生活排滿了行程，承受來自各方的關注與期待，而這並不容易。例如，修特茲卡特曾經在快時尚品牌 H&M 的一次宣傳活動上，宣導永續時尚的概念。諸如此類的行動也讓他不時受到其他社運人士的抨擊。

修特茲卡特的行腳遍及全球各地，目的是想親眼見識當前的局勢有多嚴峻。他發表演說、上談話性節目，而且無論在講臺或節目上，他屢次都打破紀錄，成為年紀最小的來賓。他也善用他的知名度，鼓勵同儕一起拯救地球。

他在社群媒體 IG（Instagram）上的帳號約有九萬四千個追蹤者。他要宣揚的環保理念不僅關乎我們所有人，同時也是關乎社會議題，關於不平等的問題。他曾在報紙上發表的一篇文章中寫到：

「氣候危機的每一個環節——從化石燃料的取得、加工和輸送，乃至於正在摧毀地球的災難性極端氣候——受害特別嚴重的往往是窮困的非白人族群。」[29]

身為阿茲堤克人的後代，他也認同他的祖先的做法——修特茲卡特多次明確指出，他出身的文化和原住民族群，可以對解決氣候危機做出許多貢獻：

保護大自然！

「對於如何與地球和平共處、如何順應大自然生活，原住民族有許多世代代流傳下來的知識和智慧。因此對我們來說，重要的不只是認定我們的受害者身分，還要嚴肅討論如何度過難關，以及面對未來可能發生的一切，我們想打造怎樣的未來。因此，應該多多宣揚原住民的理念。」[30]

除此之外，修特茲卡特也認知到，氣候危機的發生一直存在不平等的問題。因此 2015 年，也就是他狀告美國政府的那一年，他在聯合國的演說就以氣候正義為主要議題。那場演說的影像記錄在 YouTube 上已經有超過百萬點擊率。修特茲卡特在影片中提到：

「氣候變遷是人權議題。氣候變遷對發展中國家影響尤鉅，婦女、兒童和有色人種的受害程度又比其他族群更嚴重。（……）那我們現在做的又是為了什麼？」當時十四歲的修特茲卡特繼續問了在場有權有勢的成年人後，說道：「為了我們這一代人的生存。」

聯合國那次演說的最後，他說道：

「我無意請諸位幫我們起而反抗現狀，我只希望，諸位能與我們站在一起。

因為我們一起努力就能改變這個世界。這件事做起來或許並不容易，但這是我們的責任。這是我們欠我們後代子孫的。」[31]

修特茲卡特到現在還是留著黑長髮。他是那個勇於坦然向大人說出自己心中所想，同時又願意對他們伸手表達善意的人。

講臺或舞台本身，與修特茲卡特這個人——相得益彰。果然，在前面提過的所有成就之外，修特茲卡特也創作音樂。確切地說，是嘻哈歌曲。他以「修特茲卡特」為名巡迴演出，並以他關注的幾個議題作為嘻哈歌曲的創作主題。

他的歌曲《破碎》（Broken）[32]中有這麼一段：

「我相信世界可以比現在更好
我相信我們感受到的失去，是要教會我們如何給予
我回顧先祖，遙想他們過去的生活方式
想與地球和平共處，我們就該這樣生活吧
愛會為我們指引方向
帶我們找到回家的路
我相信，光明就在前方
我們必得懷抱希望。」

修特茲卡特小時候就有了這樣的體悟。

馬拉拉・優薩福扎伊

（Malala Yousafzai, 1997-）

教育平權鬥士

「一個孩子、一名教師、一本書和一支筆就可以改變這個世界。」[33]

一個女孩穿著粉紅色洋裝、胸前掛著一個側背包，坐在一張毯子上對著鏡頭微笑。照片裡的人是馬拉拉・優薩福扎伊。另一張童年照片是馬拉拉在巴基斯坦明哥拉市（Mingora）自家院子裡拍的，身邊站的人分別是她的父親、母親和兩個弟弟。

那是很幸福的童年。據馬拉拉回憶，當時家裡不時有訪客，可能是親戚、鄰居或朋友。當然，她也會和兩個弟弟吵架，也會和他們在院子裡一起玩老鷹抓小雞、捉迷藏、打板球和羽毛球，或是玩跳房子遊戲。

粉紅色依舊是馬拉拉最喜歡的顏色。

一切都很正常。

一切卻和其他人的尋常很不一樣。

因為馬拉拉很晚才意識到：她的生活和大部分同樣住在斯瓦特山谷（Swat-Tal）的女孩子截然不同。巴基斯坦斯瓦特縣是馬拉拉一家人的老家。

原來，是這個國家的傳統、文化和宗教信仰，讓其他女孩子有如此不同的成長歷程。在普什圖人的社會中，兩性在家庭中所扮演的角色鮮明：男人擁有話語權，負責維持家庭生計和保護家人。女性則是照顧家人、打理家務，負責把孩子養大。身為女人還要伺候男人。因此許多女孩早早就結婚了，有些女孩結婚時甚至還不到十歲。許多大人認為：反正女孩子很快就要結婚了，哪還有上學的必要？就是這樣的心態，導致鄉下地方很多年輕女性或多數老一輩的婦女無法讀書寫字，也不會算術。馬拉拉的母親也不例外。因此，當這個母親決定支持自己唯一的女兒走上和自身截然不同的道路時，就是更加特別的一件事。

馬拉拉還小的時候就對打理家務能躲就躲。同樣的時間，她更喜歡用來偷聽男人間的對話或聽他們討論政治。她覺得這可比做家事有趣多了。幸好也沒人阻止她。無論是她的母親或父親都不會制止她的求知慾。相反地，馬拉拉的父親掌管明哥拉市的一所學校，而這所名為「庫夏

爾」（Kushal）的學校，在組織建置上包含一所小學和兩所中學。兩所中學裡面，有一所是男校，另一所是女校，這在當地並不常見。據馬拉拉的父母表示，早在馬拉拉還不大會講話時，就曾經在校園內的空教室裡面玩的時候扮起老師。對於這對父母而言，讓自己的女兒上學受教育是再自然不過的事情。另一方面，對馬拉拉來說，她當然想要努力學習，竭盡所能拿到班上最好的成績。

果然，她也（幾乎）都能做到。

馬拉拉的人生原本可以這樣繼續走下去。沒有意外的話，馬拉拉可能就依著她當時的志向，在未來某一天成為一名醫師。

可惜的是，事與願違。

2007 年，塔利班（Taliban）在巴基斯坦的權勢日益擴張。這個激進的伊斯蘭主義組織想要建立一個真主之國，而他們的大本營就在斯瓦特山谷。就這樣，日常行為規範變得更加嚴格。所有和玩樂有關的事情，比如聽音樂、看電影、跳舞都被禁止了。男人開始禁菸，並被要求每天祈禱。無論是未成年或已成年，只要是女性就應該盡可能不出門，如果非不得已要出門，必須包上頭巾。另一項新規定是：禁

止女孩上學。

塔利班讓人民感到害怕。光在 2008 年這一年，這個組織的成員就襲擊了兩百所學校。但這時馬拉拉和她的女同學依舊繼續上學。學校裡的老師鼓勵這群女學生寫文章和演講稿，鼓勵她們用這種方式對抗塔利班的恐怖統治和對教育自由的迫害。這些孩子當時可能也寫下了她們內心的恐懼，因為這種恐懼實在太大了。

因此，當地方電視台的攝影團隊到學校訪問時，馬拉拉首次公開發言。她說：

「我們已經不是活在石器時代了。可是我們的國家卻要反其道而行，要退回到過去年代的做法，限縮我們身為女孩的權利。」[34]

這時才只是個開始。2009 年一月十五日，塔利班下令關閉斯瓦特山谷內的所有女校。這時英國廣播公司（BBC）正在找一個願意接受採訪的當地女學童，他們想要報導塔利班政權下當地女學童的日常生活狀況。馬拉拉接下這項任務，這時她十一歲。為了不讓人認出她的真實身分，她以「Gul Makai」自稱，也就是普什圖語「矢車菊」的意思。2009 年一月三日，她在部落格發表第一篇文章，標題是

〈我好害怕〉。[35]

2009 年一月到三月，馬拉拉以這種網誌的形式為 BBC 進行為期十週的報導，記錄塔利班政權如何壓迫人民。她寫下，塔利班政權禁止她上學，還強迫她要穿上罩袍。她因此不能再穿上自己最喜歡的粉紅色洋裝了。馬拉拉記錄了空蕩蕩的街頭、杳無人煙的市集以及人民的恐懼。她勇於做別人難以想像的事，公開要求自己的受教權。

此時，她在部落格發表的文章尚屬少數目擊者的報導之一，並受到成千上萬人的點閱。

馬拉拉找到發聲管道。她告訴這個世界，在斯瓦特山谷發生的事情。不久後，她隱藏在筆名背後的真實身分曝光，隨即收到暗殺恐嚇，她也沒因此中斷她的報導。期間她也目睹有人在街上被公開處以鞭刑、親身經歷公開執行死刑的現場、自殺炸彈客攻擊、炸彈和無人機襲擊，以及巴基斯坦軍隊反制塔利班的行動等，即便發生這一切，馬拉拉還是繼續記錄她的見聞。她接受採訪，主動為美國《紐約時報》（New York Times）撰寫一篇報導，現身電視節目和無數活動中，並發表演說。總之，她利用各種機會，公開為女童的權益發聲，尤其是在女童受教權這部分。不只樂意和那些所有願意聽她說話的人對話，馬拉拉也為那些無法替自己說話的人把話說出來，並主張和平，以及所有兒童的受教權。

馬拉拉的努力投入為她帶來許多獎項的表揚。其中，她於 2011 年獲「國際兒童和平獎」（Internationaler Kinder-Friedenspreis）提名，並於同年獲頒首屆巴基斯坦「國家和平獎」。後者往後固定每年頒獎，被稱作「馬拉拉和平獎」。2012 年，馬拉拉被《時代雜誌》評為年度第二重要人物，排名僅次於當時的美國總統歐巴馬（Barack Obama）。

2013 年，馬拉拉得到薩哈羅精神自由獎（Sacharow-Preis für geistige Freiheit）——這是歐洲人權獎項中的最高榮譽。接著，國際特赦組織（Amnesty International）任命她為良心大使（Botschafterin des Gewissens）。

馬拉拉・優薩福扎伊，1997 年七月十二日生於巴基斯坦斯瓦特山谷。十一歲時，為英國 BBC 撰寫網誌，報導她在塔利班政權下的日常生活。此後，她繼續為女孩的權益發聲，特別是在受教權這方面。2012 年十月九日，她在塔利班的暗殺行動中身負重傷，僥倖存活下來。2014 年十月十日，她寫下史上年紀最小獲獎者的紀錄，成為諾貝爾和平獎得主。

如今，馬拉拉已經不再想當醫生了。她想從政。她想用得到的獎金幫助有需要的兒童。2012 年，聯合國教科文組織（UNESCO）和當時的巴基斯坦政府共同成立了馬拉拉基金（Malala-Fonds），其使命是：不再有兒童流落街頭、不再有兒童在髒亂的垃圾堆中翻找物品和撿拾垃圾，或是有其他童工的情況發生。

此外，斯瓦特山谷裡的每個女孩都可以去上學。

這時馬拉拉的母親也努力學識字，還上一些以英語講授的課程。有時候到了晚上，母女兩人還會一起背單字呢！

不過，馬拉拉的名氣越大，她做的事情危險性就越高。即使 2009 年七月巴基斯坦政府宣告解放塔利班掌控的斯瓦特山谷，危機也沒有解除。

三年後的 2012 年十月九日，一名塔利班戰士持槍射中馬拉拉頭部。遭到暗殺當時，她正在放學回家途中。她的兩個女同學也在事件中受傷。關於這段人生經歷，後來馬拉拉寫到：

「那天天氣又熱又悶。當時校車正在明哥拉市下班的車潮中顛簸而行（……）我已經不大記得，有個年輕男人攔下我們的車，問司機這是不是庫夏爾學校的校車。我也不記得有另一個男人掀起車的後蓋跳進來，然後逐一彎下腰身查看我們的長相。我真的沒聽到他問：『哪個是馬拉拉？』我更沒聽到碰、碰、碰三聲槍響。我只記得，當時我在想著隔天學校還有隨堂考，接下來就是一片漆黑了。」[36]

那次事件，馬拉拉差點失去生命。她被送往英國伯明罕接受治療。她不只陷入昏迷，看不清，也幾乎聽不到。治療過程中，她必須接受多次手術。她的雙親和兩個弟弟也先後抵達英國。至此，一家人在英國過著流亡生活。然而塔利班繼續威脅馬拉拉，表示：只要馬拉拉膽敢回到巴基斯坦，就要殺了她。從此，故鄉是她只能在心中思念的地方。而當她在 2018 年三

每個女孩都有
受教權！

月，也就是受到攻擊五年半之後，終於有機會回到巴基斯坦進行短期訪問，整個行程只能在最高規格的安全戒備下進行。

接下來，就像馬拉拉自己說的，她在伯明罕展開她的第二個人生。除了上學之外，她繼續以社運人士的身分，前往世界各地訪問。

2013 年七月十二日，在她十六歲生日這一天，她在紐約的聯合國總部發表演說。面對現場來自超過上百個國家的近千名聽眾，她以宏亮的聲音明確表示：

「2012 年十月九日，塔利班組織的人朝我開槍，射中我的左額。現場中槍的還有我的女同學。他們以為那些子彈可以讓我們閉上嘴巴，但他們失敗了。因為沉默的背後，反而爆出幾千個聲音。那些恐怖份子以為，他們可以改變我的理想，阻止我做想做的事。但此後我的人生除了一個例外，沒有任何改變。那個例外就是：懦弱、害怕和絕望都不見了，強而有力的意志和勇氣從此而生。」[37]

聯合國將這一天命名為「馬拉拉日」（Malala Day）。之後每年的這一天，都提醒世人注重所有兒童的權益，特別是女童的受教權。2013 年，她創辦了馬拉拉基金會（Malala-Stiftung），並用馬拉拉基金會的善款，在故鄉明哥拉市的東北方建了一所女子學校。這所學校已於 2014 年三月正式啟用。2014 年七月，時年十七歲的馬拉拉前往奈及利亞，探望那些遭到激進恐怖組織博科聖地（Boko Haram）綁架的女童父母。在馬拉拉十八歲生日這一天，她在黎巴嫩為敘利亞難民女童設立的一所學校也正式揭幕。她表示：

「今天，在我成年的首日，我鄭重呼籲全球領導人：買書吧！不要買武器了！」[38]

2014年，馬拉拉獲頒諾貝爾和平獎，創下史上最年輕的獲獎者紀錄。2017 年，她被任命為聯合國和平大使。這次她再度寫下全球最年輕的和平大使紀錄。

那麼現在呢？如今馬拉拉在牛津大學研讀哲學、政治與經濟，並且繼續為全球數百萬無法就學的兒童爭取上學的機會。她的勇氣深深打動世界各地的人。幾位知名的國家元首，如英國女王伊莉莎白二世或美國前總統歐巴馬，都曾經接見過這位

全球最年輕的教育平權社運人士。她的努力也感染了許多人，讓他們願意為自己的權益站出來，不輕言放棄自己的理想。

　　未來馬拉拉的打算是：有一天她要重返巴基斯坦，成為巴基斯坦的首相。

　　2013 年，馬拉拉在聯合國的那場演說上表示：

　　「我希望人們想到我時，不是把我當作『那個被塔利班恐怖分子在頭上打了一槍的女孩』，而是要記住，我是那個努力爭取教育平權的女孩。」[39]

　　在塔利班的攻擊事件之後，馬拉拉必須重新學習寫字和說話。因為她左半部的顏面神經有一部分仍然處於癱瘓狀態，所以偶爾她笑的時候會舉起一隻手遮住半邊臉頰。

　　即便如此，馬拉拉也不會讓自己保持沉默。

博洋・史拉特

（Boyan Slat, 1994- ）

環保運動者、（海洋吸塵器）發明家

「我認為許多人把創新視為致富的機會。他們並沒有將創新視為讓地球變得更美好的手段，或是用創新來豐富人類的生活。」[40]

有時候，一個偉大創意的出現往往只是很偶然的巧合，就像腦海中可能突然冒出某個願景。那麼，對史拉特來說，這樣的遠大願景應該就是在游泳時突然冒出來的。

史拉特十六歲的時候，有次前往希臘度假期間，在那裡從事他喜愛的潛水運動。當時水面下的景象可把他嚇壞了。原來，海裡面漂浮的塑膠袋竟然比魚還多！「為什麼人類沒有辦法清除這些塑膠垃圾呢？」史拉特自問。

看過那一幕後，史拉特腦子裡想的都是那些海裡面的垃圾，久久無法忘懷。正巧，他不僅是個潛水愛好者，對於自己動手做也很有熱情：他在兩歲時就做了一把小木椅，之後又接連造出樹屋、搭建滑索。史拉特的母親在《紐約客》雜誌（New Yorker）的一篇報導中回憶到，他小時候的言行舉止就經常像個小大人，而且相較於到遊樂園玩，史拉特更喜歡去各種推廣自己動手做的工藝博覽會。不過也

因此常讓史拉特顯得形單影隻。對此，史拉特在幾年後回想到，自己以前上體育課時，連最後一個被選進賽隊的人選都算不上，他是根本沒被選中參賽！後來他轉學了——而且幸運地在新環境遇到一群同樣喜好自己動手做和發明的朋友。這時史拉特持續探索之旅：他十四歲時對火箭很感興趣，從此開始深入研究物質的世界。他用回收的寶特瓶足足造了二百一十三支環保水火箭後，更同時發射這些火箭，還因此創下世界紀錄。

關於自己，史拉特提到：

「我想，我自己有容易專注於一件事的人格特質。只要我腦子裡出現一個想法，我就會一直想著它；然後，就算讓我沒日沒夜地做跟這個想法相關的事情，我也完全不以為意。」[41]

在希臘的假期結束後，史拉特應該也是帶著這樣的心態回到家鄉。於是不久

後，他將這些在海中看到、極具衝擊性的塑膠垃圾景象，以及思考人類可以做些什麼來加以應對的滿腔疑惑，作為課堂報告的主題。這時他才發現另一個大問題。

史拉特無法獲知全球海洋中塑膠垃圾的確切數量。同時，也由於並非所有的塑膠垃圾都會漂浮在海洋表面，而且海洋的面積很大，因此要掌握大概的數據也很困難。幸好這項數據還有估測值。世界自然基金會（WWF）在 2017 年的宣傳手冊中寫到，每年約有五到十二噸塑膠垃圾流入海中。換算下來，大約相當於一億五千萬噸的塑膠製品。另有估測值顯示，流入海中的塑膠垃圾量已經超過八千萬噸。這些塑膠垃圾包含汽車輪胎、漁網、塑膠瓶、塑膠桶和各種塑膠包裝。由於塑膠不易腐壞，需要很長時間才會分解，所以會對海洋帶來很大的傷害。不管是動物可能被這些塑膠垃圾纏住，或是動物不小心吃下塑膠垃圾導致死亡，諸如此類事件時有所聞。網路上可以找到一些駭人的影像紀錄，內容是肚腹裡充滿廢棄塑膠物的死亡鳥類。此外，在太陽照射和海水的作用下，這些塑膠垃圾會越變越小，最終變成所謂的塑膠微粒（Mikro-plastik），某一天又會因為人類吃下體內有塑膠微粒的魚類而回到人體內。

所以塑膠垃圾帶來的傷害是很嚴重的。一方面，諸如被海水沖刷到沙灘上的舊塑膠瓶或是優格杯，這類岸邊的塑膠垃圾很容易被看見。但是在公海上的塑膠垃圾問題也不容忽視。因為這些塑膠垃圾會積聚在公海上，形成面積廣大的「垃圾地毯」（Müllteppiche）；或甚至可以說是讓附近海域變成一鍋「塑膠濃湯」（Plastiksuppe）。目前全球總共有五條洋流出現這樣的情形，其中一條就是大太平洋垃圾帶（Great Pacific Garbage Patch）。光是這條大太平洋垃圾帶的面積就有德國的四倍大，這裡積聚的海洋塑膠垃圾也特別多。

史拉特在他的課堂報告中探討所有前面提到的問題，最後得到一個令人難過的結論：包含專家學者在內的許多人都認為，要完全清除海洋中的塑膠垃圾是不可能的事。因為這樣的想法可能要付出幾十億歐元的代價，還得用上幾千年時間。

史拉特不甘就此聽天由命。於是這位發明家發想出一個設備：他想在海洋中建造一道類似人工海岸的屏障，把海面上的

塑膠垃圾集中在這裡，以方便清運船載走這些塑膠垃圾，之後再將這些塑膠垃圾回收變賣。

原則上，把這個設備想像成一座大型的塑膠垃圾吸塵器就更容易理解了。這個構想至少讓史拉特引起一些關注，並得到地方報紙的報導。他因此受邀到荷蘭台夫特（Delft）的大學演講。當時他身穿一條深色長褲、一件加寬的襯衫、頂著一頭隨興的濃密頭髮，講述了他的經歷和計畫。那場演說的影片雖然被公開在網路上，但一開始，點閱率並不高。

接著，史拉特進入大學就讀航太工程系。這時的他依舊沒有放棄自己的理想。

他不僅找機會與大學裡的教授對話、將零用錢投資在自己的研發計畫上，還主動尋求企業的支持。不過，他嘗試聯繫的三百家企業中，只有一家公司給了他回應。即便如此，史拉特仍不輕言放棄。他辦理休學，不再和朋友見面玩樂，成立了非營利的海洋潔淨基金會（The Ocean Cleanup）。

然而，三月的某一天，一切都改變了。

對此，史拉特在一次演說中提到：

「那個三月二十六日像其他日子一樣展開。但不久後，我的電話就響個不停。海洋潔淨基金會的社群媒體專頁的訪客數突然暴增。之後連續幾天，我的信箱每天都湧入超過一千五百封電子郵件。」[42]

原來是之前放到網上的影片突然引起關注。影片引起熱烈討論後，許多媒體紛紛表達想要採訪他的意願。

由於這次的爆紅，讓史拉特終於有足

夠的資金——這些資金的來源包含群眾募資（Crowdfunding）、政府的補助，以及來自企業界和其他私人投資，金額至少有三千萬歐元。有了這些資金，史拉特就能夠開始進行新的研究，同時繼續開發他的塑膠垃圾吸塵器。他的基金會不斷茁壯——如今有大約八十名工作人員——而史拉特本人也獲得許多獎項的肯定，例如聯合國的地球衛士獎（Champions of the Earth Award）。

近幾年來，史拉特多次下海採集海洋中的塑膠垃圾樣品。在找到的物品中，最古老的應該是一個出自 1970 年代的飲料搬運箱。無論是實際操作或在電腦上模擬，史拉特不斷實驗，並且也為他的塑膠垃圾吸塵器造了幾個小模型。他夜以繼日地工作，有時候一個星期七天都在工作，沒有休假日。特別忙碌的時候，甚至有一天工作十五個小時的紀錄。他完全沒有多餘的時間享受個人生活。

史拉特的塑膠垃圾吸塵器雖然不斷進化，卻一直維持著原先的基本構想：讓一種厚壁橡膠管以 U 字形浮在海面上形成屏障，藉此收集塑膠垃圾，再讓清運船可以載走。

不過，史拉特的塑膠垃圾吸塵器的構想也引來一些批評。有些專家憂心，這種構造捕撈到的不只有垃圾，可能還會有其他生物因此受害。還有另一個層面的憂慮是，怕有人因此認為「反正全部的垃圾都會集中起來清掉」，結果更肆無忌憚地製造垃圾，汙染環境。此外，還有另一種反對意見認為，塑膠垃圾多半不在公海，而是沉在海底或漂到岸邊。

諸如此類的批評聲浪往往令史拉特傷心不已，因為這些批評部分出自他所在意的專家，或是他早在就學期間已經讀過他們的研究報告的學者，但史拉特仍再接再

把塑膠從海裡
撈出來！

屬。他打造的塑膠垃圾吸塵器，當然不是為了讓人類往海裡丟更多垃圾，同時他也認為，清掉海岸邊的塑膠垃圾很重要。至於對生物這方面的疑慮，史拉特認為，生物可以從他的設備下方潛水而過，並不會危及性命。為此，他也提出相關的研究報告作為證明。

史拉特對科技有信心，也相信只要用在對的地方，科技就能有益於人類。他理解其他人可能對太過高科技的東西會有疑慮，問題是，這些人的作做往往最後又會給地球帶來更多傷害——因此，他無法認同他們的看法。於是，他投入更多心力去思考如何應用科技、思考這樣或那樣應用科技在道德上的正當性與否的問題。

時間來到 2018 年，在史拉特和他的團隊進行過二百七十三次等比模型和六個架次的原型機組試驗後，終於能把第一台塑膠垃圾吸塵器放到海面上。只是這次史拉特又嚐到一次失敗的滋味：塑膠垃圾的吸入功能表現差強人意，而且設備才啟用幾個星期就壞了。其後經過進一步實驗，才能再次把進階版的設備施放到海上。最後，終於在 2019 年夏季傳來捷報，成功收集到第一批塑膠垃圾。

這項發明是否真的有效可行，目前尚未有定論。但至少史拉特試過了。畢竟他已盡了全力，而且他認為，要找到解決問題的最好方法，就是盡全力著手去做。因為實做不僅可以讓人學到經驗，而且從實做中才能衍生出新的想法。如今他確實有不少新的想法。他體悟到，一開始就不要讓任何垃圾有機會流入海中，這點至少和把塑膠垃圾從海中撈出一樣重要。根據海洋潔淨基金會的研究，全球 80%的塑膠垃圾主要經由千餘條河川流入海洋中。這正是史拉特想要努力的地方。

博洋·史拉特在一次潛水時，發現海裡面的塑膠垃圾竟然比魚還多！於是他自問：人類無法做些什麼事來改變這種情況嗎？自從他有了這樣的想法後，就一直掛心這件事。從此他致力於開發和改良他發明的設備：為海洋設計的塑膠垃圾吸塵器。

他的基金會在不久前推出一套名為「攔截器」（The Interceptor）的設備。這是一種運作機制像大型垃圾桶一樣的類船式設備。此設備牽動的水流會將塑膠垃圾引流到設備的吸納口，再從吸納口的輸送帶傳送與集中到貨櫃中。他的規劃是，在 2025 年前能將這套設備應用在全球流入海洋最多塑膠垃圾的一千條河川上。史拉特曾將清除海洋中的塑膠垃圾這件事比喻為一塊大拼圖，而攔截器這項規劃，則是這整個拼圖中的一個小板塊。他要像拼拼圖一樣，一步步達到既定目標，那就是：直到有一天世界不再需要用到史拉特發明的塑膠垃圾吸塵器為止。

伊莉思・福斯

（Elyse Fox, 1980- ）

提倡重視心理健康問題

「我們的首要目標是，為開放式的討論提供一個安全的場所，讓那些負擔不起傳統療法的女孩有機會聚在一起。」[43]

一切的開始是在伊莉思・福斯七或八歲的時候——當時她還只是個小女孩。有時她會感到莫名的悲傷，或是覺得沒來由的恐懼。每當這種時候，她總覺得自己像在一個陰暗房間裡被厚重的棉被蓋住般，或是像有個巨大的黑影搭在她的肩膀上，如影隨形地跟著她，隨時想把她推倒在地。至少她是這樣感覺的。伊莉思完全不知道自己到底發生了什麼事，不知道自己哪裡出了什麼問題。這一切都讓她只想躲起來，而她也只能獨自面對這種失落感。

在她九歲時的一次診斷，長期困擾她的問題終於有了答案，那就是憂鬱症。此後，雖然憂鬱症來襲時，還是會讓她的狀況很糟糕，但至少她知道是什麼問題。幾年下來，伊莉思已經知道一些活動像是瑜伽、跑步、冥想，以及健康飲食都對自己有幫助。如今的伊莉思已經是個女青年，她把自己的新住處布置得很漂亮，經常旅行，而且她還是個電影工作者。通常在她與其他人共處時，是她感覺最好的時候。

然而即便如此，她仍反覆陷入憂鬱的情緒之中。

最後她決定就算要逃也要向前奔去，她決定從自己最擅長的事做起。於是，在被伊莉思認定為自己最糟的那一年，她拍了一部短篇紀錄片，片名就叫《與朋友的對話》（Conversations with friends）。那是她二十六歲的時候。影片中可以看到一個年輕女性，身材苗條、外表亮麗、一頭烏黑的長捲髮。影片一開始讓人難以置信，這樣的女孩怎麼會得到憂鬱症；不過，很快又出現一個分成三格的畫面，每個空格裡面都是伊莉思的臉，使得整個畫面看起來就像鏡頭被敲碎了一樣。或許這個畫面就是要呈現那種內心的不完整、治不好的感覺。接著是幾片雲在天空上飄的畫面，給人一種平靜的感受。然後鏡頭一轉，又馬上出現醫院病房、繃帶包紮著的受傷手腕，以及被刀片劃得傷痕累累的前臂畫面。影片中，伊莉思用平靜的語氣講述她的憂鬱症，提到她因為感到自己看不

到出路，越來越不想與人接觸，並幾度嘗試自殺。

影片是伊莉思對外的溝通管道。她可以藉由影片表達她自己的想法，也可以藉此向自己的朋友與家人傾訴心聲，同時也是她讓大家知道「是的，我有憂鬱症」的方法。這是非常勇敢的一步。不然，其實伊莉思很脆弱，而且已經傷痕累累。她就像一隻柔弱的小白兔，誤入了這個把華美外表、權勢和成功認定為重要價值的世界。

人生中難免會遇到懷疑、不確定，或感到困難的時候，而這些都不是這個世界想看到的樣子。

但這正是伊莉思的內心不斷要經歷的折磨。她知道：不用大費周章就能讓她覺得自己不夠漂亮、不夠聰明。簡言之，就是不夠好。

有這些體驗與感受的伊莉思並不孤單，從《與朋友的對話》獲得熱烈回響就可以證實這一點。在影片播出後，伊莉思收到全球各地許多青少年的來信與回應，內容無獨有偶，述說的都是自我懷疑、孤獨與心理問題。來信的人覺得，觀看伊莉思的短片就像看到自己。

伊莉思注意到，訴說和自己有相同困擾的人裡面，有特別多女孩。這讓她想起自己小時候感到無助時，身邊竟沒有一個大人可以對她伸出援手。因此，她決定成立「傷心女孩俱樂部」（Sad Girls Club）。對此，她表示：

「在我七、八歲，對憂鬱症完全沒有概念的時候，我曾經希望有這麼一個園地。這是我現在將這個園地取名為『傷心女孩俱樂部』的原因。憂鬱症，是一個不容易說出口的名詞，而我就想做些事情來面對它。我想要做些什麼，希望可以馬上幫到還是小女孩的妳。我只是想到當年的小伊莉思，然後自問，當時年紀小又傷心難過的她，可能會有哪些需要？」[44]

在「傷心女孩俱樂部」的構想下，網路上出現一個讓未成年女性和年輕女性的經驗交流有安全感的空間。在那裡，遇到困難的人也能夠快速得到慰藉與協助。這種做法對那些無力承擔療程，或是還要等很久才能進入療程的人特別重要。

「我想提供一些可用資源，主要是因

為來找我的許多女孩才十一、十二或十三歲，而且身邊真的沒有可以跟她們說話的對象。因此，我想要建立一個平臺，讓這些女孩可以學到一些心理健康知識，並且在那裡可以用更平常的心態面對心理疾病。」[45]

2007 年二月，伊莉思創立的「傷心女孩俱樂部」正式上線，很快被社群媒體 IG 選為「＃為你守候」（#HereForYou）主題標籤活動的代表帳號。為期一個月的 #HereForYou 主題標籤活動，目的在讓公眾注意到心理健康的重要——同時也提升了「傷心女孩俱樂部」的能見度。

該活動的宗旨是：鼓勵、啟蒙、協助、有人守候。為了不辜負這良善的立意，伊莉思利用機會努力宣導心理疾病與心理健康的相關知識，同時探討相關自我照護與應注意事項。她寫下為人加油打氣的消息和短句，協助追蹤者對抗苦澀的日子和晦暗的心情。她也提出意見，教人具體做法，並回應那些感到孤單或孤立無援的人。人人都應當知道：無論發生什麼

事，你都不是一個人。就這樣，「傷心女孩俱樂部」在 IG 上的追蹤者人數很快達到三萬五千人。

伊莉思另外也開設了一個部落格，讓會員可以在上面發表短片與分享他們的經驗。裡面有個女孩講到自己連續幾個星期，每天早上幾乎都下不了床，最後她必須主動尋求學校心理輔導老師的協助。此外，有女孩在此發布自己創作的歌詞，也有些人分享一起烘焙的成果，或只是單純上傳講述對「傷心女孩俱樂部」感言的短片。這些影片活潑、生動，讓人看到希望，而且往往引人發笑。女孩子在這個園地彼此交流，交換經驗，互相提供重要的建議。這些虛擬世界的接觸不斷衍生出真心實意的友誼。伊莉思順勢而為，開始組織離線的配套課程與實體聚會：比如「尬詩擂台」（Poetry Slam）、藝術療法和團體療法等。而且後續在美國和世界各地還會有其他活動。

為了和女孩們建立關鍵的親密感，伊莉思講述很多自身經驗、發布照片、介紹她的私人生活，也會提到自己面臨憂鬱深

在美國紐約出生的伊莉思・福斯，於 2016 年十二月拍攝的一支短片引起熱議：她在影片中談起自己的憂鬱症。該影片引起很大的回響，顯示很多人都有交流相關經驗的需求，因此她成立「傷心女孩俱樂部」這個網路平台，宗旨是：迅速而不官僚地協助女孩排解心理困境。

淵的處境。她希望以自己的坦誠感染他人，讓其他人也願意敞開心扉。因為伊莉思確定：對抗憂鬱症和其他心理疾病的關鍵是，誠實面對自己與他人，不為自己的處境感到羞恥，更無須心有所懼。

越早釐清情況，獲得幫助的機會就越大。因此，整個社會應該終結汙名化心理問題的態度。

隨後，因與專營休閒鞋與服飾的時尚品牌添柏嵐（Timberland）和保養彩妝品牌歐蕾（Olay）等具媒體影響力的知名品牌合作，讓伊莉思拓展了更多的能見度。她接受採訪，並獲得更多潛在支持者。伊莉思也和運動用品品牌 Nike 合作，在紐約組建了慢跑團。經由群眾募資募得的款項讓她有機會舉辦更多活動和研討會。最初她為自己所做的努力，如今已經成為帶有政治意涵的全職工作。

然而，所有工作要是沒有志工的投入，光是伊莉思一個人是應付不來的。志工除了維持網路社團的運作，也協助定期聚會的各項準備工作。尤其是在缺乏聚會場所的偏鄉，志工的動員更是不可或缺。因為他們最常被問到的問題之一就是：「『傷心女孩俱樂部』到底什麼時候才會到我們市鎮來？」

現在「傷心女孩俱樂部」在 IG 上的粉絲專頁追蹤人數已經超過二十七萬人。

如今伊莉思自己也成為人母。她繼續推出一個播客（Podcast）節目，並打算再拍攝《與朋友的對話》的續集。

此外，她還想成立「傷心男孩俱樂部」（Sad Boys Club），期許這個世界有一天不快樂的靈魂能大大減少，而有心理健康問題的年輕人也不再感到那麼孤單。

秦聯豐

（Netiwit Chotiphatphaisal, 1996- ）

民運人士、出版人

「泰國的學校教育重視軍事化管理。這種教育手段不會告訴你如
何批判式思考，只會教你要當個乖巧、順從的學生。」[46]

　　秦聯豐的人生原本可以像許多人一樣正常地過日子。而且一開始確實也是如此——非常正常。對此，許多年後他在奧斯陸和平論壇（Osloer Friedensforum）上的演說中表示：

「當時我的生活和其他在泰國長大的在學學生其實沒什麼兩樣。我在泰國一個低階的中產階級家庭中長大，是個普通學生，對政治不感興趣，頭上的整齊髮型和校服都嚴格遵守學校的規定。」[47]

　　秦聯豐的父母在泰國首都曼谷的郊區經營一個小商店。如果沒有意外的話，或許他的人生可以這樣非常正常地走下去。然而，那個讓一切都覺得不一樣的意外，果然還是發生了。

　　他在奧斯陸的那場演說中回憶到，有一天他在寫給校刊的一篇文章中質疑，學校老師是否可以、而且有必要替學生決定他們的髮型。因為在泰國的學校體制中對這方面非常嚴格，不僅在學校制服上有嚴格的規定，同時對學生的髮型也有明確規範。秦聯豐的那篇文章探討的正是這個議題。寫完後，他邀請一個他信任的老師閱讀他的文章，並希望對方給予批評指教。

　　幾個小時後，他就被擴音器發出的廣播傳喚到教務處。只因為他質疑學生的髮型和老師之間有什麼關聯，他就必須被留在教務處五個小時，而他也從此成為老師眼中危害校園安全的不良學生。

　　秦聯豐把那件事的後果，當作是對他的恭維。而且應該正好也是那次的經驗，讓他突然開始對政治感到興趣。至此，他開始帶著批判的眼光質疑在學校的日常作息。由於泰國的學生在老師面前只能服從，嚴格禁止提出任何反駁意見，為此，秦聯豐甚至一度向《紐約時報》形容泰國的教師儼如「獨裁者」[48]。秦聯豐認為，課堂上需要背誦的內容太多，學校教育已然變成某種機械式的系統，幾乎像座工廠一樣，只想從裡面調教出一模一樣的人。

　　可是調教出一模一樣的人，真的是教

育的意義嗎？不，秦聯豐認為，這個問題的答案是否定的，於是他開始與現況抗爭。因為他認為學校應該鼓勵學生自行思考，然後將形塑社會的工具交到年輕人手中。這才應該是教育的目的！

於是，秦聯豐在 2012 年成立了第一個要求改革的社團。秦聯豐的團體訴求是，學校應該減少威權，給予學生更多自由的空間。此外，他們也要求放寬進入公立學校就讀的門檻。

一年後，秦聯豐成立另一個致力於教育改革的獨立學生組織。

然而，2014 年泰國發生一次重大的變革，由軍方接管政權。這時國會裡的成員不再是民選的議員，而是由軍方提出建議名單，再由泰國國王任命的人員。於是，秦聯豐對教育體制的要求——也就是可提出反駁的機會和說出自己的想法，例如言論自由和集會遊行的自由，這時在學校以外的範圍都受到進一步的管控。

這時的秦聯豐早已不是「普通」的學生，他依舊鶴立雞群，並成為讓當權者頭痛的人物。軍方上台一年後，秦聯豐在一次哀悼民主已亡的示威遊行活動中被捕。

而且秦聯豐公開表示，拒絕一般年輕男性都要服兵役的義務。那些他在學校裡面沒法做的事情，他現在就要示範給整個社會看：對事情抱持質疑的精神，並且在遇到不對的事情時，站出來爭取自己的權益。

2016 年，秦聯豐進入大學攻讀政治系。這次他又打破了一個傳統慣例。

泰國有兩位國王雖然去世已久，至今依舊受到人民尊崇。因此，秦聯豐就讀的大學裡面，有個一年一次向兩位國王的銅像行跪拜禮的致敬儀式。由於秦聯豐不願像其他同學一樣的方式禮拜銅像，主要是因為他之前就讀過，其中一位國王在世時就曾親自拒絕過這種羞辱人的跪拜禮。因此，秦聯豐和一個朋友在典禮進行中維持站姿，只是向銅像簡短行了鞠躬禮後就離開典禮現場。

秦聯豐的行為引起許多報章媒體的關注與報導。他後來在一篇幾個月後才刊出的文章中說明了他這樣做的原因，表示是國王自己免除這樣的傳統：

「因此不加思辨，只因為已經成為一種慣例而繼續進行這樣的儀式，是不合理

言論
自由！

的。」[49]

2017 年，秦聯豐在大學二年級的時候被選為學生會會長。這是首次有人進入大學後這麼快當選學生會會長的記錄。對於這個職位，他有個明確的規劃：他想要與前幾任會長的做法有所不同。秦聯豐進一步表示，參與政治可以為人們帶來希望。

「我要公開展現重視和支持民主與自由社會的想法。我會拿出我的道德勇氣這樣做——甚至是在人們一味地盲從、順服和相信他們做的是唯一正確的事時，我也要支持民主、自由的社會。」[50]

不過，秦聯豐擔任學生會會長的時間並沒有很長，因為在每年舉辦向國王行跪拜禮的典禮中，秦聯豐再次聯同其他幾個同學做出抗議的舉動。典禮後，他旋即被免除學生會會長的職務。

學校這項決定引來許多批評的聲浪，世界各地從諾貝爾獎得主、社運人士、知識份子都有人出面聲援秦聯豐。可惜都沒有用。

幸好秦聯豐並沒有因此喪失鬥志，他繼續尋找其他可以有所作為的機會。剛好不久前他和一個朋友合辦了一家出版社，現在他可以全心投入出版社的工作了。

「播下民主的種子必然是一項漫長而艱鉅的任務。」[51]秦聯豐與友人合辦的出版社網頁如是寫道。

很早就開始為民主撒種的秦聯豐，如今在他的新事業中持續朝這個方向努力。因為秦聯豐的出版社讓大學生有機會表達自己的想法和創意，並進而提倡言論自由與批判式思考。此外，經營出版社還能透過公眾思辨，和引進自身的觀點建立起橋梁，以期合力為民主社會做些事。結果，除了大學學子之外，也有不少教授加入為秦聯豐的出版社撰稿或校訂譯文的行列。

秦聯豐也會在自家出版社發行自己的著作，或從事把著名作家的作品翻譯成泰文的工作。他的著作或譯作主要著重在探討專制體制、自由、共產主義、自由主義等議題上，還有，當然少不了論及泰國的教育體制。秦聯豐曾經在一本著作中寫到自身經驗時，提到自己只是因為有不同意

秦聯豐，1996 年九月十日生。他認為，泰國的學校雖然教人服從和背誦，卻不教人自由思考，這種情況必須有所改變。因此，他在 2012 年決定開始有所行動。從此他不斷為爭取民主而努力，並因此成為當權者的眼中釘。

見並表達出來，就被視為麻煩製造者的感
受。那本書的書名既貼切又充滿諷刺意
味：《優秀教育體制內的糟糕學生》
（*Ein schrecklicher Schüler in einem exzel-
lenten Bildungssystem*）。

為泰國
校園內的
思想自由
而戰！

米凱拉・烏爾默

（Mikaila Ulmer, 2004-）

環保運動人士、企業家

「我常說像小孩一樣做夢是很重要的事，而且要找出自己做起來有趣、想做的事，或者嘗試新事物、冒險，孩提時期都是最好的年紀。」[52]

　　整個故事聽起來就像個童話故事，而且是關於女王蜂的童話。故事是這樣開始的：很久、很久以前有個小女孩，名叫米凱拉・烏爾默。她在四歲的時候，被蜜蜂螫傷了。沒想到幾天後，她又被蜜蜂叮到。被蜜蜂叮咬的痛楚可讓她嚐到了苦頭。那之後，只要在她身邊飛來繞去、嗡嗡作響的東西都會讓她感到害怕。但同時，米凱拉也不是一個會因為不好的經驗就裹足不前的女孩。她的父母甚至鼓勵她，與其以後每次看到蜜蜂就嚇得逃跑，不如弄清楚該怎麼避免被蜜蜂叮咬。沒想到米凱拉越了解蜜蜂，知道越多關於工蜂、雄蜂，還有女王蜂的資訊，她就對蜜蜂的世界越著迷。她對蜜蜂在蜂窩裡面一起生活的情形特別感興趣。她得知，原來那些勤於採蜜的工蜂，只有在感受到威脅的時候才會螫人，而且工蜂螫人可是要付出自己的生命作為代價的！她同時也了解到，氣候變遷對蜜蜂的危害之大，已經到了讓牠們瀕臨絕種的處境。她也知道，一旦沒有蜜蜂就不會有鮮花朵朵開的花田，不會有水果，也不會有蜂蜜。於是，米凱拉決定採取行動。

　　從前、從前也曾經有個熱愛烹飪和烘焙的女人，因為她喜愛烹飪和烘焙，也因為她對家人的愛，她寫下自己的食譜。這個女人就是米凱拉的曾祖母。事情就是那麼湊巧：曾祖母的這本食譜剛好在米凱拉被蜜蜂螫到後不久，出現在家中。這本食譜中就記錄了 1940 年調製檸檬水的配方。根據這個配方，調製這款檸檬水剛好會用到蜂蜜。這時米凱拉腦海中突然出現 $1+1=2$ 的算式。一時之間，所有的一切都能連結在一起了，米凱拉於是照著曾祖母的配方調製了檸檬水。接著在自家門前擺出一張桌子，開始賣起檸檬水。當天晚上一算，沒想到竟然有為數頗豐的收入。由於這時她已經知道蜜蜂在自然生態中無可取代的重要性，所以她把一部分賺到的錢捐獻給蜜蜂保育協會。

不過米凱拉覺得這樣做還不夠。她仔細琢磨了自製檸檬水這個構想，精打細算後，思考著可能還需要的東西：一個品牌名稱、一個商標，還有各種不同口味的檸檬水。她自問：要怎樣做，還有在哪裡才能製造出大量的檸檬水？怎樣才能將製造出來的檸檬水擺到店裡販售？怎樣才能讓消費者看到這些檸檬水的存在呢？

幸好米凱拉得到在大學時就讀企管系的父母支持。米凱拉的父母建議她，參加家鄉德州奧斯汀市舉辦的兒童創業大賽。就這樣，米凱拉擺起了攤位，攤位的顏色當然得用明亮的蜂蜜黃色。接著「蜂蜜檸檬水與我」（Me & The Bees Lemonade）一瓶瓶賣出，大受歡迎。不只因為這瓶檸檬水的好味道，也因為每個購買它的人都能順勢做點好事：為自己，也為蜜蜂。米凱拉想藉此讓大家注意到當前蜜蜂生態受到的威脅，所以她調製檸檬水需要的蜂蜜全都購自在地的蜂農。這樣做多少也讓她為蜜蜂的存續做出小小貢獻。除此之外，她也將營利的百分之十捐給致力於蜜蜂保育工作的協會與組織。

這一切聽起來像童話故事嗎？好像是。然而事實並非如此，因為這一切的背後都有一個小女孩付出許多心力，和像蜜蜂一樣地辛勤付出，才有如今的成果。

此外，米凱拉還在過程中發掘出自己的另一種才能：她簡直生來就是做生意的料！對於開發出品質能讓自己信服的產品，讓她感到興致盎然。她樂於在自己被說服後，再反過來說服別人。不久後，奧斯汀有一家披薩店開始販售「蜂蜜檸檬水與我」品牌的檸檬水。隨著客群越來越多，米凱拉在八歲時進行了一次研討課程，對象是年紀比她大的學童。那次研討課的主題是：我如何創業。當時她看起來稍微緊張，但據她之後的說法她從自身的經驗得知：

「無論你年紀多大，總都還有需要學習的地方。同時無論你年紀多大，都能有些東西可以教別人。」[53]

2015 年，米凱拉的事業取得重大突破時，她才九歲。而「蜂蜜檸檬水與我」品牌的產品後來成功地與全食超市（Whole Foods Market）簽約，全食超市是美國專門販售有機食品的連鎖超商領導品牌。這樣一來，米凱拉的檸檬水就可以在全美國超過五百家門市銷售。另外，她

還受邀參加在一集知名的實境節目《創業鯊魚幫》（Shark Tank）中，以創業者的身分向潛在投資人介紹自己的理念，並成功說服商界人士戴蒙・約翰（Daymond John）投資六萬美元。米凱拉的生意這時才開始像蜂窩裡面的情形一樣，著實忙碌了起來。

不過，米凱拉在成為成功生意人的同時，還要在學校課業上維持良好表現，更要兼顧一般的兒童日常生活，她到底是怎麼做到的？這一切都不是童話故事，因為真實世界看起來是這樣子的：有時米凱拉到校上課時數不足，因為她要為宣傳自家品牌「蜂蜜檸檬水與我」而接受採訪、要在座談會上擔任主講、上電視，或是尋訪新的投資人。然後馬上又要把公司的事擺一邊，因為學校有重要的考試。這樣的生活過起來真的無法像蜂蜜一樣甜美。

幸好，也因此創下一些驚人的成功事蹟，比如得到美國橄欖球聯盟（National Football League）球員高達八十萬美元的投資。此外，知名的新商業合作夥伴也不斷出現，如連鎖百貨梅西（Macy's），米凱拉的檸檬水也開始在那裡上架販售。數字會說話：「蜂蜜檸檬水與我」的檸檬水至今已在全美超過一千家門市賣出超過一百萬瓶。

當然，米凱拉也因此體驗到終生難以忘懷的經驗，而其中最美好、最重要的日子，應該非 2016 年六月四日莫屬了。那天，第一屆美國女性高峰會（United State of Women Summit）在白宮舉行，米凱拉肩負向當時的美國總統歐巴馬發言致意的任務。對米凱拉來說，那是一種榮耀。曾經只想成為檸檬水界可愛吉祥物的她，如今可說彷彿是被全國最高層加冕為女王蜂。

「我簡直太興奮了，」米凱拉回憶道：「但我還是要努力集中注意力。在後

拯救蜜蜂

台時，歐巴馬走過來對我說：『妳做得到的。』接著我就走了出去。當下的感受就是：『噢！天啊！這太瘋狂了！』結束後，我走下台，哭了出來。我真的認為，有這樣的機會就該好好把握——即使心裡真的很害怕。」[54]

又或者，正是因為感到害怕才更要好好把握呢？不管怎麼說，那次的經驗對米凱拉來說，已經是她人生中第二次因為害怕而做出一點大事。與歐巴馬的會面激勵她立下更高的目標。米凱拉開發出一款用蜂蠟做成的護脣膏，如今也已成為暢銷品項。2017 年她成立「健康蜂窩基金會」（Healthy Hive Foundation）。這個慈善基金會也投入蜜蜂的保育工作。近期的米凱拉則在為年輕創業家寫一本書。

因為對米凱拉來說，一加一始終等於二。為了拯救蜜蜂，加上她自己經營企業的才能，讓如今十五歲的她，已經成為她自己公司的女王蜂和指揮官。米凱拉的公司早就成為家族企業，像蜂窩一樣，裡面的人也互助合作。因為蜜蜂不只是米凱拉矢志守護的重要對象，更是她學習的好榜樣，當然也是鼓勵她不斷前進的動力。

米凱拉・烏爾默四歲時，第一次在家門口販售以曾祖母的配方調製出來的檸檬水。如今，她的「蜂蜜檸檬水與我」已經是一家成功的企業。米凱拉的使命是：拯救蜜蜂。她的營利有百分之十捐給投入蜜蜂保育工作的協會與組織。

「合法黑人」組織

（Legally Black）

爭取提升有色人種的社會能見度

> 「作為在英國長大的黑人，可能會有自己不屬於這裡的感受。那種感受就好像不斷會被人提醒自己的種族本源。這可能意味著你永遠不會看到自己被美美地呈現出來，也可能意味著，你要隨時承受刻板印象或是遭受『微冒犯』（Mikro-Aggressionen）的心理準備。」[55]

哈利・波特（Harry Potter）的外觀是如何？每個人應該都會想到：他戴著眼鏡，額頭上有道閃電疤痕，還有凌亂的頭髮。說到榮恩和妙麗，我們腦海中應該也會浮現特定的形象：榮恩的特色就是他的一頭紅髮和雀斑；想到妙麗，就會想到她的一頭棕色長髮。可是膚色呢？為什麼哈利波特不能是黑人呢？或者妙麗，不能是黑人嗎？幾年前，第一部哈利波特電影上映時，三位少年主角都由白人演員演出。這樣不會不公平嗎？但沒有人對這種現象提出質疑。或至少，那些對此感到訝異或失望的聲音都被忽略了。然而，對一件事或一種現象不感到氣憤，或是明明已經覺得生氣卻不被重視，這其中有很大的差別。

麗芙・弗朗西斯—柯尼伯（Liv Francis-Cornibert）、席登・特寇（Shiden Tekle）、柯菲・阿桑提（Kofi Asante）、貝爾馬托斯・達科斯塔（Bel Matos da Costa），這四個青少年就對以電影和電視劇為首的媒體裡面，總是無法好好呈現黑人形象的現象感到不滿。因為上面提到的《哈利波特》電影只是一個例子。比如代號〇〇七的特務詹姆斯・龐德（James Bond）這一系列動作片，在過去幾年裡面曾經由不同演員擔綱演出，但是這些主角演員清一色都是白人男性。相比之下，黑人和「有色人種」出場時頂多是配角，而且他們演出的角色往往只是為了呈現某些偏見。

特別的是，出現這種現象的地方竟然是在英國——這個多元文化的國家，生活其中的人可能來自不同的國度、有不同的宗教信仰和文化背景、不同的膚色。

然而，這種人們族群的多樣性卻幾乎不會出現在英國的電影和電視劇中。英國電影協會（British Film Institute）發現，2006 年到 2016 年間，過半數的影視作品中沒有黑人演員出演重要角色，由黑人演員擔綱主角的比例更是只有 0.5%。也就是說，在英國電影中通常不會有黑人出現。如果有的話，往往也是在電影中與黑道犯罪和奴隸有關的情節。

以上這些不帶情感的數字是一回事，個人經驗又是另一回事：只要有黑人青少年從身邊走過，人們的表現就會有所不同。此外，比起白人，黑人明顯更容易被警察攔下來臨檢。那些電影和電視中呈現出來千篇一律、被認為具「代表性」的形象，顯然已經左右了許多人的現實判斷。

「合法黑人」活動中的席登曾經向英國《衛報》表示：

「媒體從來沒有以正面的方式呈現過黑人。在大型電影作品中，黑人的角色，往往不是非法份子就是毒販。這種呈現方式已經在潛移默化中，讓人接受『所有黑人都是這樣』的成見。」[56]

這類體悟令人心痛，而且經歷過後還會留下痕跡，有過這類負面經驗的人難免會覺得自己不屬於這裡或是不受歡迎。從來沒有被正面對待的人，有時候會需要一個庇護所，讓他們感受到被理解、無須承受他人被誤導的異樣眼光。這個庇護所可能是書本、漫畫或是電影和電視劇。

麗芙、席登、柯菲與貝爾馬托斯四人於 2017 年提出一項計畫：他們要對媒體呈現黑人的方式做出反制行動，並設法讓這個他們在意而且深深影響著他們的議題，成為公眾討論的話題。就這樣，他們發起了「合法黑人」活動。

這幾個年輕人做的第一件事就是：重新設計知名電影和電視劇的宣傳海報。雖然只是做了點小改變：《哈利波特：死神的聖物》電影海報上，哈利波特、榮恩和妙麗的演員現在全換成黑人少年。○○七詹姆斯・龐德（James Bond）和《BJ 單身日記》中的主角布莉琪・瓊斯（Bridget Jones）也都由黑人扮演呈現。《鐵達尼號》（Titanic）的幾張電影劇照，主角也全換成了黑人。這些刻意要引人注意的宣

傳畫面都是要傳達一個訊息：

「如果你們對此感到錯愕，表示你們看到黑人演主角的電影不夠多。」[57]

他們拍攝的每一張海報上都寫著這樣的字句。

所有人都動員起來了。席登的父親就是新海報上的詹姆斯・龐德，其他人的父母、兄弟姊妹、親朋好友，當然還有「合法黑人」組織的成員全都參與了這項活動。在原本的規劃中，這些宣傳畫面原本應該掛在當地公車行經的路線上，但是這些青少年的訴求並未因此得到任何回應。反而是有一群藝術家看到這樣的題材，覺得很棒，因此群起聲援。2018 年初的某天夜裡，這群人將幾幅創意海報偷偷掛到倫敦布里克斯頓區（Brixton）的街頭。這個行動果然奏效。那些海報雖然很快被撤下，但已經引起許多關注。拍下這些海報的照片在社群媒體上散布開來，許多人在照片下方按讚稱好。因為這些海報把一個嚴肅的議題用嘲諷的方式表現出來。

可惜不是所有人都能理解這些行動的幽默感，因此不免引來一些批評，比如：換掉所有白人演員也不見得公平啊！

當然這也並非「合法黑人」活動的目的。他們只是希望電影可以呈現出他們生活的真實樣貌，和他們對人生的態度。他們期望在電影中看到自己會有共鳴的角色，希望在電影中看到和自己有關的故事。他們只是覺得，一堆譁眾取寵的老哏和一成不變的刻板印象，真的讓他們受夠了。

此外他們還希望，未來能出現更多黑人編劇、導演和片商。他們認為，整個影視產業應該更多元化。最終讓他們能有個平台展現他們關心的事務。

在他們的海報引起轟動後，世界各地的媒體不約而同地報導這四個倫敦青少年的事蹟。而這四人也乘勢接受報章媒體和電視的採訪，或自行撰文投書，以借機將他們的理念推廣到世界其他角落。

然而，社運人士對於外界如何傳述他

為何英國的電影和電視劇中，扮演主角的演員多半不是黑人和所謂的「有色人種」？而且他們出現在螢光幕時，幾乎都只是呈現某些刻板印象？麗芙・弗朗西斯—柯尼伯、席登・特寇、柯菲・阿桑提和貝爾馬托斯・達科斯塔這四個青少年對這種現象感到非常不滿。他們發起「合法黑人」活動，以充滿創意的方式表達抗議，希望讓人看到這個問題。

們的故事，不見得都感到滿意。對此，麗芙有次就向《衛報》表示：他們常被寫成一群臨時起意就妄想推翻既有體制的孩子。對媒體來說，這樣的鋪陳使他們成為有趣的報導題材——讓她有時覺得，他們的付出變得太過商業化。

對媒體的不滿很快就過去了。因為正是由於他們如此年輕，才有人願意傾聽他們的訴求。對此，麗芙表示：

「因為我的年紀，作為社運人士特別容易引起注意。另一方面，也是因為非常多的年輕人都清楚壓迫和不公平是怎麼一回事。即使他們沒有體驗過我們所經歷的事情，他們也知道有些事是不對的。」[58]

而「合法黑人」的幾位發起人真正在意的事情是：

「說到種族歧視，一般人多半還是會聯想到肢體攻擊，而不會提到結構和制度面的種族歧視。後者更是不斷提醒當事人，他們不屬於這裡。目前沒有相關的研究分析可以讓我們知道，所有這一切會對這些人的人生造成怎樣的影響。」[59]

四個年輕人不願再默默接受現況。他們希望有人討論這些現象，他們自己也想把這些經驗表達出來。他們為自己的憤怒找到宣洩的管道，同時爭取使他們的憤怒能被聽到、被看到，比如改造電影海報就是個很好的例子。他們用不同的畫面呈現方式試圖帶來不同的思維與行動。

更多元

蓋文・格林

（Gavin Grimm, 1999- ）

跨性別運動者

「我意識到，現實情況比我個人遇到的問題還嚴重。現在我有了更大的目標，那就是要為我後來的人們致力把環境變得更友善。」[60]

　　孩子出生後，被問到第一個問題幾乎都是：「女孩還是男孩？」就好像性別是一個人最重要的事情一樣，或者確切來說，是生理性別。

　　如今我們都知道，比起從外表性徵上看得出來的兩種性別，世界上還有更多其他性別的可能性。例如現在在臉書（Facebook）上，就為使用者提供了六十種性別選項。我們在本書中也盡量呈現這種性別多元化：比如在本書德文版中，出現一些德語文法上慣常以陽性表現的複數名詞時，我們會特地加上星號，並標示出該名詞的陰性型態。於是讀者會看到Schüler*innen（〔女〕學生）、Freund-d*innen（〔女〕友伴）這類寫法，都是我們盡可能納入所有性別選項的做法。這些字中間的星號只是個符號，作用和占位符差不多。這樣做的目的是為了凸顯，除了陽性和陰性之外，還有其他更多可能性。

　　說到這裡，各位讀者應該大致了解蓋文在他就學期間要面對的事情——而且是幾個特別需要額外點出來的相關事件。就像其他人一樣，這些事關乎他的自由空間，而且以他的例子而言，是和實際存在的具體空間有關，那就是學校的廁所。學校裡面，蓋文有使用女生廁所或男生廁所兩種選擇。只是蓋文早就決定要使用男生廁所，因為他覺得自己是個男孩，即使他是以女生的生理性別來到這個世界上，但他一直覺得他自己不是女生。

　　蓋文是跨性別者（Transgender）。Transgender 這個字的拉丁文字根「trans」有「橫跨」、「從這一端跨到那一端」的意思，而「gender」這個字根則是指稱受社會、文化意識影響的性別，意義上和指稱生理性別的「Sex」有所區別。跨性別者跨越性別界線，並非他們自己的選擇，他們是非自願的。他們無法認同自己的生理性別，和一般期待生活有所改變，或是和不斷受到影射的個人情緒也

無關，而是自然而然就那樣了。他們生來就是如此：可能是在男孩的身體裡面住了一個女孩，或是在女孩的身體裡面住了一個男孩。據多數跨性別者的說法，他們早在兒童時期就意識到好像有哪裡不對勁。也有一些人是到青春期才察覺到這種感受。不管是在哪個時期開始有這些感受，他們的感覺都差不多。許多人形容那種感覺，就像自己被放進「錯誤的身體」，讓人覺得在哪裡都找不到真正的歸屬感，總覺得似乎哪裡有問題。長期讓人深感不安的結果，甚至可能導致憂鬱症。

蓋文也走過這樣的歷程。多年來，他以女孩的樣子生活，以女孩的樣子上學——直到九年級時，他終於覺得自己受夠了，這才讓他下定決心，此後要像個男孩一樣生活。他去看心理醫師，心理醫師也證實，這些感受已經讓他痛苦不堪，應該盡快展開變性療程。心理醫師為蓋文開立了荷爾蒙處方用藥。蓋文也剪短頭髮、穿著寬鬆的格紋襯衫搭配牛仔褲。蓋文終於讓他人眼中看到的自己與自己的感受相符：不再是個女孩子，而是男孩子了。

蓋文的父母從變性療程一開始就陪在他身邊。他們坦然告知校方自己的孩子是跨性別者。蓋文的朋友也都支持他的決定——有什麼理由好反對的呢？畢竟蓋文是他們原本就認識的人。在蓋文的記憶中，只有少數幾個同學會刻意和他保持距離，或說些不友善的話。甚至在他就讀的維吉尼亞州格洛斯特高中（Gloucester High School）也支持他，並且同意他使用男生廁所。

這樣的情形順利維持了將近兩個月。不久，陸續有學生家長表達抗議。一些憤怒的家長認為，蓋文應該使用女生廁所，因為他的出生證明上就是寫著他是女孩。2014 年十一月，學校召開家長會，因為有些家長憂心自己孩子的權益受到損害。其中一位母親認為，學生的隱私會因為蓋文一個人受到侵犯。另一位家長認為，蓋文自己怎麼感受並不重要。還有一位父親對著麥克風咆哮，因為他認為，這樣一來任何人都能進到女生廁所，所以也可能會有男孩故意打扮成女生的模樣，進到女生廁所騷擾女同學。

「我原本準備好了演講稿，」看來有些激動的蓋文說：「只是當下的情況讓我覺得，最好不要拿出準備好的演講稿。我

沒辦法使用女生廁所，理由很簡單，因為我不是女生！」[61]

他繼續說道：

「今天發生在我身上的事，也可能發生在你孩子身上。可能是你的孩子，也可能是你的姐妹、你的兄弟、你其他親人的女兒或兒子。在格洛斯特高中的學生裡面，我並不是唯一一個跨性別者。我有權和其他人一樣。我是一個人、一個男孩。在你做決定時，請想想我應有的權利。」[62]

說完後，蓋文的母親給了他一個擁抱。

蓋文的母親後來回憶說，一開始她對跨性別兒童所知甚少。但是她很快就了解到，有非常多跨性別孩子都試過想結束自己的生命。曾經有研究顯示，約莫有50%的跨性別孩子有這樣的想法。得知這種情況讓她感到非常害怕。她表示：

「真的很難、非常難。因為身為人母就是會擔心自己孩子的安危。但慶幸的是，我的孩子表現得很棒。」[63]

家長會最後決定，駁回蓋文的訴求，使得校方必須收回成命，明確禁止他使用男生廁所，並表明未來他應使用男女通用的廁所（Unisex-Toilette）。校方所指的男女通用廁所，在學校護理人員辦公室裡面。也就是說，每次蓋文想上廁所的時候，就被迫要以這種方式表明自己對此不再堅持。這樣一來，蓋文就真的被污名化為「異類」，而不只是出現在字裡行間的「危險」、「有病」這些字詞而已。

蓋文有不一樣的看法，他認為自己不是怪胎。他覺得自己和其他人沒有什麼不一樣。他認為自己只是一個想以自己的方式生活的人。然而對蓋文來說，他為自己決定的人生就在學校廁所門前被擋了下來。最後，2014 年十二月，十五歲的他決定告上法院。因為在電影院、劇院、餐廳可以理所當然地使用男廁的他，拒絕接受學校帶有強制隔離和社會排斥意味的安排。他對學校提起告訴，要求學校讓他使

蓋文·格林是跨性別者——他認同自己是個男孩，而非如同出生證明上面寫的女孩。由於學校禁止他使用男生廁所，他在 2014 年控告美國維吉尼亞州的格洛斯特高中，這場官司歷經四年，終於在 2018 年五月還他公道。蓋文從此成為美國跨性別運動的英雄。他的訴求只有一個：他想和其他人一樣過自己想要的人生。

用男生廁所。

「每次我必須上廁所時，我就覺得受到侮辱。」[64]蓋文說道。

蓋文所做的也是一種政治性的爭取。因為對蓋文來說，這件事不是他個人妥協與否的問題，而是關乎原則的問題。他在意的是，能否得出具有社會約束力的解決方案。

在民權組織「美國公民自由聯盟」（American Civil Liberties Union）的協助下，他層層上訴。因為現在開始可以深入檢視一個社會的態度、價值觀、焦慮、界限、思維障礙，以及他們不願面對的事。

這場官司歷時超過四年，牽涉範圍擴及最高的政治層級。除了維吉尼亞州政府的教育局外，美國教育部也同意蓋文的主張。他的提告得到當時的美國總統歐巴馬的支持，美國聯邦最高法院並於 2017 年受理該案，使得這次訴訟成為美國全國判決上的測試案例。

雖然歐巴馬總統強化了跨性別學生的權益，但川普總統任期內推翻前任總統期間的判決。

如此無理的反覆，對蓋文來說一定很難受。但無論如何，這個議題如今已經擺上檯面。除了媒體報導、蓋文接連接受訪問、發表演說、獲獎受到肯定，也迎來熱烈的聲援浪潮。畢竟終於有人願意說出這個話題，人們開始討論這個議題，開始和蓋文對話。因為一個青少年的提告，讓整個社會有了重大的進步，而且影響力至今仍持續著。

美國聯邦最高法院將此案發回上訴法院更審，最後蓋文終於在高中畢業一年後的 2018 年五月，獲判有自由選擇使用廁所的權利。整個案件於此成為美國司法史上的里程碑。維吉尼亞州東區地方法院法官艾倫達・L・瑞特・艾倫（Arenda L. Wright Allen）判決學校侵害到當年在校生的權益。這項判決不僅對「美國公民自由聯盟」和美國司法來說，是一次重要的勝利指標，對美國社會、整個跨性別運動，當然還有對蓋文個人而言，都是一次得來不易的勝利。過程中，蓋文也早已成為眾人的英雄。其他跨性別學生仿效蓋文的做法，他們紛紛在擁有各自司法管轄權的各州，對當地州政府提起訴訟。年輕人開始為他們自己，也為他人挺身而出。

「我感到如釋重負，」2018 年五月宣判後，轉眼已經十九歲的蓋文表示：

「從我十五歲開始爭取自己的權益後，終於得到法院裁定，格洛斯特高中的做法是錯誤而且違法的。我堅決不放棄的原因，是不希望再有其他學生需要經歷跟我一樣的事。」[65]

直至今日，蓋文仍持續接受採訪和上電視。就像在 2018 年一年一度的「跨性別遊行」（Trans March）活動中，他和群眾一起走上舊金山街頭，也發表演說。他進行了乳房手術和荷爾蒙治療。此外，他也申請變更護照上的性別欄。現在他的護照上白紙黑字寫著：他是男性。

高中畢業後，蓋文也更改了他對格洛斯特高中提起訴訟的訴求。現在他要求學校應對漠視平等待遇的法律條文進行賠償。蓋文現在二十歲，住在加州，並在當地讀大學。對他來說，他非常確定一件事：

「我承諾，只要有必要，我會持續努力爭取，讓每個人都可以自由地過著自己想要的人生，在任何公開場合都不會因此受到騷擾或歧視。」[66]

塢瑪齊・穆辛比・慕兀莉雅

（Umazi Musimbi Mvurya, 1994- ）

和平運動提倡者

「你無須編造臉書上的內容就能改變一些事。在你能力所能及的範圍內，致力於和平或帶來你想要的改變，無論哪一種，做就對了。」[67]

　　有些經驗會深深影響一個人。可能是美好的片刻時光，也可能是駭人、令人傷心或讓人感到害怕的時刻。塢瑪齊・穆辛比・慕兀莉雅遇到這類令人印象深刻的可怕經歷時，她才十三歲。當時她還叫做蘇菲・塢瑪齊・慕兀莉雅。如今，她希望別人以塢瑪齊・穆辛比・慕兀莉雅這個名字叫喚她。因此，我們在本書中也以此稱呼她。塢瑪齊曾經「直面死亡」[68]。幾年後，她在一次演說中回憶起發生在她身上的事件時，是用這幾個字形容的。

　　2007 年肯亞總統大選期間，由於有部分肯亞國民認為選舉過程有舞弊行為，因此發生不同種族之間發生暴力衝突。那段期間對立衝突的局勢帶來嚴重的後果，造成六十萬人被迫出逃到其他國家，過程中也造成許多傷亡。對於受害人數雖然一直沒有明確的統計數字，但據稱死亡人數應該在一千兩百至一千五百人之間。

　　我們故事的主角塢瑪齊也差點成為死亡名單上的一個名字。有一天，塢瑪齊的家裡闖進三個男人。闖進來的人以為塢瑪齊是另一族的人，因此認定她是敵對的那方。為什麼他們會這樣想呢？只因為塢瑪齊的膚色和他們稍有不同。這幾個人認定，膚色不同就非我族類——難道因為這樣，就足以成為讓塢瑪齊不該活命的理由嗎？多年後，塢瑪齊回憶起當時的感受，說道：

　　「我可以感受到這三個男人的恨意，但我不氣他們。我只是為他們感到遺憾。我無法理解，為什麼他們會想殺我——而且是為了一個我自己無法決定的因素：我的外表。」[69]

　　塢瑪齊於是與這幾個男人展開談判。至於她哪來的勇氣開口說話，又和那幾個人說了些什麼，她已經不記得了。總之，最後她毫髮無傷地脫離險境。然而，那次事件之後，她的心境卻有了很大的轉變。

甚至比起她周遭有人被殺害的案件，那次事件更加破壞了她對人性的信任。

「我的朋友中有人死了，有人成為孤兒，也有人要面對一切都要從頭來過的人生。」[70]她在一次訪談中說道。

肯亞境內的那次暴動歷時兩個月才結束。

幾年後，肯亞又屆臨大選。這次塢瑪齊已經在大學讀書，而且期間她也讀過許多講到自己家鄉政治局勢的文章。她讀到的內容都讓她憂心不已。她擔心肯亞會再次陷入暴力動盪的混亂局面，她的朋友也都有相同的憂慮，因為當時每個政治人物在造勢活動中，依舊不斷強調肯亞境內各族群的差異，而不提大家是個生命共同體這件事。

這時的塢瑪齊認為，幾年前大選期間發生的事無論如何不能再重演。由於她一直深信藝術，尤其是攝影的感召力，於是她起而號召全世界的人一起手舉寫著「我是肯亞人」（I am Kenyan）這幾個字的字報，並拍照上傳到臉書上。塢瑪齊希望

以這種方式讓肯亞的國人意識到自己是這個國家的一份子，而不是把自己局限於某個族群的成員。他們都應該為自己的國家肯亞、肯亞的文化以及肯亞文化的多元性感到驕傲。塢瑪齊期盼以這樣的行動讓自己的同胞和平共處。

「我是肯亞人」活動在網路上獲得很大的回響。呼應此活動的照片來自世界各地——不只是肯亞人，還有來自世界其他地方、關心肯亞這個國家和當地局勢發展的人。這一次，以塢瑪齊為首的幾個年輕人發起的活動，引起全球約八百萬人的關注，活動期間收到各地寄來超過二萬一千多張的照片。

除了社群媒體上的活動之外，塢瑪齊和她的團隊也希望能親自接觸、採訪更多肯亞的人民，聽聽他們的現身說法。為此，他們走上街頭與民眾對話，和他們討論肯亞的未來，也聆聽他們表達對自己國家的看法。

塢瑪齊將「我是肯亞人」幾個字印在T恤和宣傳看板上。這些年輕人帶來新的想法、組織各種活動、為和平走上街頭遊行。有一群肯亞音樂家舉行了一場演奏會，以表達對這項活動的支持。

這群年輕人也曾走進肯亞首都奈洛比

（Nairobi）的貧民區。2007 年大選後，當地的衝突情況特別嚴重，超過一百座簡陋屋舍在暴動中燒毀。一開始大約只有十個人穿上印字 T 恤，帶著看板穿梭當地街頭，後來陸續加入的人數達到約四百人之多。後來塢瑪齊表示，她在那一刻才感受到，原來他們所有的人生來本就很相似。這時候她才確信，自己的行動可以帶來正面的改變。

最後甚至在奈洛比街頭也可見，有一群流浪兒童也聚集起來，為自己國家的和平遊行。這些孩子在自己臉上塗上肯亞的國家代表色，額頭上寫了「Peace」（和平）幾個字母，默默地穿梭在首都街頭擁擠的車流當中。一群平時不會引起注意的人，就這樣積極參與這場關於自身所處的社會未來的討論。

為了達到目標，塢瑪齊必須克服許多困難。她積極投入運動，意味著她必須犧牲一些與朋友相處的時間，而且活動經費總是處於短缺狀態，這一切都讓她有時會面臨是否要放棄的抉擇。

幸好她的努力終於有些成果。2013 年，肯亞能安然度過大選，這其中必定有「我是肯亞人」活動動員的因素。

由於塢瑪齊的付出與努力，她於 2014 年被英國廣播公司評為「改變世界的十位青少年」。

2018 年，塢瑪齊在臉書上發文回憶道：

「2012 年，出於對自己國家的愛，我發起了『我是肯亞人』活動。我們以激進的方式試圖吸引一些注意，結果因此被一些有權有勢的人威脅。政府雖然表態支持我們的一些活動訴求，卻無法有效執行。有些企業竊取我們的創意，應用在圖某其私利的用途上。但至少最終我們確實吵得夠大聲，讓那些人不得不聽到我們的聲音。」[71]

傾聽——直至今日仍有許多人聽到塢瑪齊的呼籲。塢瑪齊在美國完成學業後，從事視覺藝術和媒體領域的工作。她在社群媒體上持續關注政治議題，並且在必要時，站出來發聲，比如在反對種族主義和反對對女性施暴這些議題上。她所做的一切都是為了促使肯亞的政治能往更有前瞻性的方向發展。

塢瑪齊・穆兀比・慕兀莉雅年輕時，差點在肯亞大選後的血腥暴動中喪命。之後她一直無法擺脫那次恐怖經歷的陰影。等到肯亞再次大選時，她決定要站出來為自己國家的和平奉獻一己之力。

菲力克斯・芬克拜納

（Felix Finkbeiner, 1997- ）

氣候保護運動者（種樹男孩）

> 「我們能做的一件好事之一就是種樹。因為要吸收人類吐出的二氧化碳，樹木是我們擁有的唯一工具。」[72]

天堂應該是這個樣子：明亮澄淨的天空、碧藍湖泊、綠油油的草地，遠方還有覆上白雪的山頭——從這樣的畫面就不難理解為什麼巴伐利亞邦的代表色是藍色和白色。那裡的空氣清新、潔淨，沉浸在這片大自然中的人，很難想像世界上竟然還有地方的自然環境正飽受威脅。不過，或許人類就需要有這樣如明信片般的田園美景，才能意識到自己已然身處險境。也或許，要在如此美好的世界裡面長大的孩子，才有機會成為堅定的氣候運動家，就像菲力克斯・芬克拜納這樣一個在樹林中長大的孩子。

四年級的一次課堂報告，成為點燃他這股熱情的火花：

> 「這一切的開始，都是因為一隻北極熊玩偶。那是我在五歲時得到的禮物。」菲力克斯回憶道：「這隻熊玩偶的個頭比我還大，而且因為它的關係，北極熊成為我最喜愛的動物。幾年後，我在學校的課堂上要做一個關於地球暖化的口頭報告。

> 在查找資料的過程中，我得知自己最愛的北極熊，牠們的生活環境正受到威脅。而且不僅如此：我很快就意識到，氣候危機也會威脅到人類的生存。」[73]

他在查找資料的過程中，還讀到肯亞第一位女教授，也是第一位獲得諾貝爾和平獎的非洲女性旺加里・馬塔伊（Wangari Maathai）的事蹟。原來早在 1977 年她就發起了名為「綠帶運動」（Green Belt Movement）的造林計畫，並且在三十年內和其他非洲婦女一起種下三千萬棵樹。

> 「種植這些樹木不僅讓她為這些非洲婦女創造了個人的收入。這群人也種下了封存碳的可能——真是很棒的想法！」[74]
> 菲力克斯的崇拜之情溢於言表。

因為樹木可以避免土壤受到侵蝕，也可以製造氧氣、淨化空氣、為地球降溫，同時也因為樹木有利於雲的成形，而且每

棵樹都能吸收二氧化碳——每年平均還高達十公斤之多。

　　剩下的就是數學問題了：地球上的樹木越多，就能吸收越多的二氧化碳，也就更能永續保護大自然的生態環境。現在菲力克斯知道該怎麼做了。因為馬塔伊已經成為他心目中偉大的典範。於是，菲力克斯想要延續馬塔伊已經開始做的事：

　　「因此，我提議世界各國的兒童合力種植一百萬棵樹。當時還在讀小學四年級的我，對自己提出的數字沒有確切的概念。有可能是這樣吧，而這只是我當時能想得到的天文數字。」[75]

　　就這樣，菲力克斯於 2007 年三月，在他就讀的小學園子裡種下他的第一棵樹、一棵海棠樹。他成了學以致用的最佳榜樣。於是，越來越多學生開始種樹。有個年紀比菲力克斯大的學生，架設了一個簡單的網站，為附近的學校製作排行榜，才真正引爆了這股植樹熱潮。到底誰種的樹最多呢？在慕尼黑舉行記者會之後，這個話題引來媒體爭相報導，引起大眾的關注。現在既然雪球已經滾起來了，就可以開始做些事

了！

　　在父親弗里特約夫（Frithjof Finkbeiner）的協助下，菲力克斯於 2007 年初針對青少年與兒童，發起「種樹救地球」（Plant-for-the-Planet）活動，並且開始巡迴演說。這個一頭深色頭髮、鼻樑上戴著長方形鏡框的小男孩，讓前來聽他演說的人無不深受感動。他以嚴肅的口吻和鄰家小男孩的氣質，講述一些簡單又有效的做法，成功說動到場的人一起以種樹對抗氣候危機。菲力克斯成為自己這份使命感的最佳代言人——2009 年，他與來自各國的八百名兒童，參加在南韓舉行的聯合國環境規劃署（UNEP）兒童與青少年大會。會中，這群兒童向同年稍後即將在丹麥哥本哈根舉行的氣候變遷大會（Klimagipfel）發表了一份宣言。他問與會的其他兒童，有誰也想在自己的國家種一百萬棵樹。一時間，越來越多人湧上講台，最後來自五十六個國家的幾百名成員都表示有意願把這個想法帶回自己的家鄉並付諸行動。但畢竟都還是一群孩子，他們在台上互相打鬧推擠、對著鏡頭咧嘴大笑、對彼此拍肩打氣，或是在某人後方比出勝利的手勢——當然，他們也可能是在比劃兔子的耳朵也

說不定？不過，有個孩子卻把手搗在菲力克斯的嘴巴上。

這個動作正是重現「種樹救地球」宣傳海報上的其中一個訴求：那幅海報上有個巴伐利亞男孩搗住一個大人的嘴巴。旁邊的文字寫著：「停止空談，開始種樹！」（Stop talking. Start planting.）。簡單明瞭地訴求著：終於該採取行動了吧！

知名人士如演員哈里遜・福特（Harrison Ford）和提爾・史威格（Til Schweiger）、德國企業家邁可・奧托（Michael Otto）、摩納哥親王亞伯特二世（Fürst Albert von Monaco）、模特兒吉賽兒・邦臣（Gisele Bündchen）、義大利具傳奇色彩的登山家萊因霍爾德・梅斯納爾（Reinhold Messner）、政治學教授葛希娜・施萬（Gesine Schwan）等人都支持這項活動。有了名人的加持，也讓活動的訴求更具感染力地散播開來。

在菲力克斯的家鄉德國，活動引起的熱潮持續不斷：發起「種樹救地球」活動一年後的 2018 年，已經種下五萬棵樹。上學之餘，菲力克斯前往世界各地，面見聯合國前祕書長柯菲・安南（Kofi Annan）、西班牙國王菲利佩六世（Felipe VI）、美國前副總統高爾（Al Gore），甚至見到了他的偶像旺加里・馬塔伊——並且在各地親手種下樹苗。

菲力克斯接受訪問、上了電視，他以十歲的年紀，在歐盟議會中侃侃而談樹木對氣候的重要性。三年後，在美國紐約的聯合國發表演說——也種下樹苗。菲力克斯創設「種樹救地球」學院，宗旨是由兒童帶領兒童了解保護環境的相關事務。在此完成培訓的兒童也會成為活動代言人，繼續傳述他們所學——當然，也為保護氣候種下新的樹木。「種樹救地球」學院迄今已培訓出來自全球七十四個國家，共計約九萬五千名活動代言人。

2009 年，菲力克斯榮獲所在地政府授予「巴伐利亞邦環保事務特殊貢獻獎章」（Bayerische Staatsmedaille für besondere Verdienste um die Umwelt）——此

菲力克斯・芬克拜納，1997 年十月八日出生在德國南部巴伐利亞州的小鎮珮爾（Pähl）。2007 年初，菲力克斯九歲的時候，發起名為「種樹救地球」的兒少活動。這個活動的宗旨是「以植樹對抗氣候危機」。如今有遍布全球七十四個國家、約九萬五千名活動代言人，共同為提升氣候正義而努力。據各政府機關、企業和個人向這群兒童管理的種樹計數器（Baumzähler）通報的數據顯示，活動迄今已在全球各地創下超過一百三十億棵新植樹木的紀錄。僅「種樹救地球」組織本身善用各界捐款，就種下超過九百萬棵樹。

時，這群孩子在德國境內已經種下第一百萬棵樹。

為了籌措種樹的經費，菲力克斯於2011年邀集世界各地三百五十家巧克力製造商參與這項計畫。他的構想是：請這些巧克力製造商將他們銷售額的萬分之一捐出來支持「種樹救地球」活動。相當於每賣出一公噸巧克力捐出一歐元。但是這些巧克力公司的大人沒人把這個邀請當一回事。

菲力克斯回想起來，認為當時這些公司的人可能對他的行動一笑置之，但是他自己確實感到非常失望。所以他和他的戰友自2012年開始，也自行開發巧克力的生產事業。五個月後，這款名為「善意巧克力」（Die Gute Schokolade）的產品就在德國各大超市上架。2018年還被「商品測試基金會」（Stiftung Warentest）評為德國最優質的牛奶巧克力。由於製造商和零售商放棄利潤，這款巧克力的部分收益得以注入「種樹救地球」組織。

2015年，「種樹救地球」組織在墨西哥的猶加敦半島（Yucatán）展開一次大型的造林計畫：

> 「當地有一百名員工在苗圃裡栽植和照料樹苗，目的是復育五十個足球場那麼大面積、遭到破壞的林地。」[76]

高中畢業後，菲利克斯進入倫敦一所大學的「亞非研究所」就讀。2018年五月二十二日，由德國總統法蘭克—華特·史坦麥爾·（Frank- Walter Steinmeier）親自授予菲力克斯聯邦十字勳章（Bundesverdienstkreuz）。原本只是一個小學生的想法，到這時候已經發展成一個國際組織。除了位於施塔弗爾湖畔市鎮烏芬（Uffing am Staffelsee）的總部之外，另外在巴西、義大利、墨西哥和瑞士等七個國家也都設有分部。這個樹林之子，已然蛻變成悠遊於樹冠之上的人，如今更是「以拯救世界的英雄聞名於世」。[77]

「種樹救地球」

目前菲力克斯在瑞士蘇黎世攻讀博士學位。他不時參加談話性節目、對企業人士發表演說，或與支持和贊助他企劃的商界與媒體重要人士會面。他的受眾不僅經濟能力好，而且深具影響力：

「我們希望說服所有人一起來種樹，或是讓他們的企業以資助造林的方式達到碳中和（CO2-neutral）的目的。」[78]菲力克斯說道。

不過，製造環境汙染的兇手，比如石油巨擘殼牌（Shell）或者航空業的漢莎航空（Lufthansa）都不得參與這項計畫。

即便如此，菲力克斯也不把這些大公司當作攻擊的對象，而是尋求合作的機會。展望未來，菲力克斯可能會步入政壇。

或許這也是菲力克斯致力於推廣兒童應該擁有更多參政權的原因。順帶一提，菲力克斯曾經表明他很欣賞葛莉塔，畢竟氣候議題關乎他們的未來——既然如此，為什麼要他們等到十八歲才能夠參與選舉？對他來說，在氣候議題上沒有商量的餘地。因為他確信，他的這一代人勢必要經歷並且必須承擔氣候危機帶來的後果，因此他在 2019 年二月就示警道：

「未來的氣候危機將不再只是缺水或缺糧這麼簡單的問題而已。無論是政治上或武裝衝突，氣候危機都會使各種衝突形勢變得更加嚴峻。」[79]

於是菲力克斯繼續推動他的訴求，而他一直掛心的行動計畫依舊是種樹這件事。繼巴西之後，下一個執行造林計畫的國家選在衣索比亞——目標仍然設定為在南美和非洲造林以吸收二氧化碳，作為因應地球暖化的策略。

不久前「種樹救地球」組織推出一款同名應用程式。透過該應用程式，除了可以看到世界各地造林計畫的執行情形，也可以捐樹支持這些造林計畫。目前的最新規劃是把原先約三兆棵樹的計畫植樹量再往上加三分之一。據科學家估算，此舉預計可以將吸收人類製造出來的二氧化碳量提升到排出總量的四分之一。

「種樹救地球」組織希望與全球的植樹組織共同進行的是一項規模龐大的計畫。他們希望在 2030 年前能再多種一兆棵樹，這個數字如果寫成阿拉伯數字看起

來是這麼多：1,000,000,000,000。

這些批判家喊出的是天文數字。對於提出如此高的森林復育量能，許多專家都抱持質疑的態度。但菲力克斯明白表示：過去聯合國曾經有「十億棵樹活動」（Billion Tree Campaign），並負責種樹計數器的管理工作。後來聯合國將這些業務交給「種樹救地球」組織，因此目前種樹計數器上計量的一百三十億棵樹，而其中有一百二十五億棵樹是在聯合國的活動期間就種下的。

但無論如何，總數量仍是相當多的樹木，這才是最重要的。菲力克斯本人如此定義了自身所扮演的角色：

「我的任務是鼓勵人們動起來。」[80]

更甚者，菲立克斯希望把自己學生時代，在同學間形成比賽氛圍的經驗，繼續帶到人群中。這是一件與時間賽跑的事：

「人、組織、國家和企業應該有競爭感——誰種了最大的森林？這樣做的目的是，我們讓這些種樹的個人、組織、國家和企業，有機會分享他們的成功經驗，進而帶動其他人一起來種樹。」[81]

這正是菲力克斯還是一個小男孩時就開始做的事——站出來為對抗氣候危機、對抗這個嚴重的全球問題發聲，身上總是穿著一件胸前印著「種樹救地球」標記的T恤衫。「種樹救地球」的代表圖騰是幾棵樹冠蓊鬱茂密，還長了腳的綠樹，彷彿是一排正在走動的樹。那麼，這些樹有機會走向世界各地嗎？

長腳的樹幹並排而立，也可以看成是一群孩子站在一起。所有的孩子都舉起雙手，站在同一片由樹葉組成的屋頂之下。

這兩種解讀方法用在這個圖騰上都很貼切。它同時傳遞了兩項資訊：一如菲立克斯所言，種樹就是對抗地球暖化的時間王牌。

同時也意味著——團結力量大！

卡洛琳娜・法思卡

（Karolína Farská, 1999- ）

反貪腐社運人士

「如果希望自己的國家能夠有所改變，有誰能為我做什麼呢？沒有這樣的人。所以我必須自己採取行動。」[82]

政府到底都在做什麼事呢？國會殿堂的運作成效又是如何呢？政治，是政治人物的工作。但他們做出的決策，有時候卻可能與該國老百姓的需求有很大的差距。這樣的差距大到一般個人往往無法一眼看出，政府做了哪些決策，以及這些決策為誰而做。到底政治人物做出的決策是對這整個國家的所有人都有好處，或只是圖利部分少數人，尤其是那些有錢、有影響力的人？

2017 年二月，卡洛琳娜・法思卡應該也有這些疑惑。當時的卡洛琳娜十八歲，住在瓦宏河畔的杜布尼查小城（Dubnica nad Váhom）。當時她還在上學，而且畢業會考就在眼前——以上都足以構成理由，讓她不要在這樣的時機點思考重大的政治議題。除了壓力已經夠大了，學校的課業也很繁重，而且斯洛伐克的首都布拉提斯拉瓦（Bratislava）也遠在天邊。

話雖如此，這個一頭紅髮、戴著大大眼鏡的高中女生，還是在網路上看了一場關於這個國家腐敗議題的議會辯論影片。反對方，也就是那些在野的、特別關注所有事情都應該遵循合法管道的政黨，完全沒有發言的機會。卡洛琳娜後來告訴德國新聞媒體《明鏡線上》（SPIEGEL.de）表示，那次她真正意識到這個問題的嚴重性，也是讓她決定採取行動的契機。

這個高中女生非常討厭自己國家裡面發生的貪腐情形。長期監督各國貪汙腐敗狀況的「國際透明組織」（Transparency International），將貪腐或者賄賂，定義為「不當使用受委託的政治權力圖謀私利」。

具體而言，貪腐可能是企業付款給政治人物，讓政治人物去做可以回頭讓企業賺更多錢的事情；貪腐也可能是政治人物收受金錢利益，作為通過推行特定法案的條件。貪腐在斯洛伐克一直是個大問題。因此，斯洛伐克的媒體上關於貪腐醜聞的

報導層出不窮。曾經有一項調查全球一百八十個國家貪腐程度的排行榜顯示，斯洛伐克的排名落在第五十九位。特別是在賄賂方面，許多歐盟國家的情況都遠比斯洛伐克好很多。

卡洛琳娜想要改變這種情形——畢竟這關乎她和她同代人的未來。因為即使貪腐兩個字，聽來或許有點抽象，仍不免讓人心存疑惑：如果一個國家的政府官員，常常不能站在人民的立場去處理事情，而是依據誰給的錢最多來行事。這樣的話，一般人如何能在這樣的國家裡面過著好生活？

卡洛琳娜記得她的父母曾經提過，斯洛伐克的政治風氣雖然不好，但他們同樣也不相信，普通老百姓有辦法做出什麼改變——特別是在斯洛伐克這樣建國未久的國家。順帶一提，今日的斯洛伐克是成立於 1993 年。

所以要採取行動的決定，簡直可以說是得跨出一大步。而要跨出這一步，必得先相信自己能做得到。卡洛琳娜於是決定和一個朋友一起展開行動。為了宣洩他們的怒氣，他們在臉書上發布了一篇文章，沒想到這篇發文獲得了數百則回應。受到這些回應的鼓舞，他們發起了一場在「斯洛伐克民族起義廣場」（Platz des Slowakischen Nationalaufstands）的示威遊行活動。這個廣場的命名由來，是為了紀念 1944 年反抗德軍對斯洛伐克的軍事占領行動，以及反對當時和德國納粹合作的斯洛伐克政府。此外，1989 年，在這個廣場上，也有過幾場抗議活動，促成斯洛伐克人民以和平抗爭的方式爭取自由。因此卡洛琳娜和她的戰友刻意選在這個廣場緬懷歷史，同時也表明他們抗議活動的目的是要終結貪腐。此外，他們還希望能夠設立一個獨立的委員會，用以調查和釐清幾個特別重大的貪腐嫌疑案件。

一開始，發起活動的兩人都不相信這件事能夠成功。他們覺得，如果到時候包含他們自己的朋友和家人在內，能夠有幾百人來參加這場遊行活動就很不錯了。

然而，從後來許多報章媒體的報導中可以讀到，結果和他們預期的完全不一樣：那場抗議遊行活動不只來了幾百人，而是來了好幾千人。卡洛琳娜和她的戰友發起的這場活動終於成功了，一時之間，年輕人願意為自己國家的未來走上街頭。他們努力爭取，也希望情況能有所改變，希望那些錢不會再像卡洛琳娜提到斯洛伐

克的局勢時說過的那樣，「落到少數有權勢的人的口袋裡」[83]。

卡洛琳娜很快成為這場抗議活動的代表人物。她繼續發起其他示威遊行活動——直到 2018 年二月，青年記者揚·庫奇亞克（Ján Kuciak）被以殘暴的方式殺害。庫奇亞克生前對斯洛伐克境內的貪腐情況做過許多調查，且經證實他們曾接觸過與政府有關的黑道人士。他的未婚妻瑪堤娜·庫斯尼洛娃（Martina Kušnírová）也同樣遇害。許多斯洛伐克人都相信，這起兇殘的謀殺案與庫奇亞克的新聞報導有關。令他們感到錯愕的是，在一個新興民主國家，竟然可以如此輕易解決一個提出批判、擋到某些人利益的記者。

這一切進一步推升了民眾的怒火。結果，前來參加抗議遊行活動的人越來越多，一開始是兩萬五千人，後來甚至有八萬六千人加入抗議的行列——而卡洛琳娜本人總是站在遊行隊伍的最前面。此外，她還發起一個名為「求一個風氣端正的斯洛伐克」（Für eine anständige Slowakei）的活動。

每當卡洛琳娜面對成千上萬人說話時，她的肩上可是扛著重責大任——畢竟，前來聽卡洛琳娜演說的人都是衝著相信她的理念而來。

對另一群人來說，卡洛琳娜的行動又猶如眼中釘。使得卡洛琳娜不斷遇到在街頭遭人襲擊、辱罵或吐口水的事情，或是收到仇恨郵件，甚至受到死亡威脅。

她的對手散布關於她和她戰友的謠言，表示這兩個人是受雇於外國勢力的間諜。

儘管種種不利的形勢，抗議活動還是在 2018 年產生效果：庫奇亞克和庫斯尼洛娃遇害幾個星期後，斯洛伐克總理請辭。另外也有幾位政治人物被迫因此事件下台。

如今，卡洛琳娜代表的是希望自己的國家能有所改變的一代人。她在持續發起抗議遊行活動和發表演說之餘，參加學校的大小考試為畢業會考做準備。她原本的規劃是在完成學校教育之後，能夠到國外讀大學，現在她已經放棄這個想法，因為她覺得對自己的國家還有太多責任。

因為還有許多該做的事。即使殺害庫奇亞克和庫斯尼洛娃兩人的兇手已經被繩

卡洛琳娜十八歲時，決心起而改正自己國家（斯洛伐克）的貪腐風氣。她和朋友共同發起一場示威遊行活動成功後，之後幾場抗議活動的規模越來越大。最後就連居高位的政治人物都不得不讓步。

之以法，即使有重量級的政治人物因此辭職下臺。要從根本改變一個體制，仍然是一項艱鉅的任務。

卡洛琳娜的行動留下來的意義是，讓人知道任何人都可以參與政治。即使政治這件事，有時候看起來離我們很遙遠。

「求一個風氣端正的斯洛伐克」

索立·拉斐爾

（Solli Raphael, 2005- ）

社會正義主題即興詩人、環保人士

「作為尬詩擂台上的詩人，不僅可以為你的世代發生，還可以說
出你最關心的事。」[84]

　　說出的話可以改變世界嗎？如果問索立·拉斐爾的話，我們都相信，他的回答會是：可以，肯定可以！然而，即便是如此口才辨給的年輕人，要他說出改變他人生的時刻，還是可能令他說不出話來。對索立來說，改變他人生的日子，就是2017 年夏天，澳大利亞尬詩擂台決賽的那一天。因為他作夢也想不到，自己竟然能夠進入在雪梨舉行的決賽，還站在世界聞名的歌劇院舞台上。

　　十二歲的索立此刻就站在一大群觀眾面前。真是不可思議！

　　舞台上的燈光照射下來。索立開始說話。主辦單位從一頂帽子裡抽出參賽者的名字。沒有人能確知，什麼時候輪到自己上台。依照尬詩擂台的慣例，參賽的詩人會帶著自己寫的詩句上場比賽。不只詩句的內容會列入評分標準，誦讀的部分也很重要。這裡要考驗的是，這些詩句誦讀出來是否有說服力？是否能打動人心？站在台上的人繃緊神經，等待現場觀眾投票表決。獲得過半贊同票數的人就可以晉級，進入下一回合的比賽。就這樣，索立終於迎來最終的決賽。現在場上只剩兩名參賽者爭奪冠軍寶座。

　　再來一首詩：

演化

磅！——那是進步的聲響……

我們找到說詞

宣告這個世界，我們正在找尋解決方法

為我們長期積累的

污染

作為推翻前人的革新和報應

全部只為了

證明進步[85]

演化

砰！——這是進步的聲音！

我們發明了進步這個詞，

是為了跟世界說，

我們不會再蹂躪它：

避免

它受到環境汙染

我們傾全力行動起來

以為這樣的反制行動可以抵消、解決自
　　己製造的問題。只為了，最終證
　　明，我們嚮往的

演化

　　接著，他受到熱情的歡呼和熱烈的
掌聲，贏得了比賽冠軍。整個場上歡聲
雷動。索立得到「2017 年度第十八
屆澳大利亞詩歌擂台冠軍」
的頭銜，並且是澳大利
亞史上最年輕的詩歌
擂台冠軍得主。

　　在此之前，索
立只是個普通男
孩。從此開始，哪還
有什麼普通可言！索立
會打網球和乒乓球，他也
游泳，並鍛鍊長跑。他吹奏薩
克斯風、玩鍵盤和打擊樂器、參加劇團，
而且最最喜歡的莫過於和曾祖母一起玩滾
球。此外，索立還熱衷寫作。

　　九歲時，索立初次嘗試創作俳句形式
的作品，這讓他學到詩韻的重要性和不同
形式的詩歌。他恣意書寫，慢慢寫下較長
的詩篇，逐漸摸索出自己的聲音。這可說
是他生活的背景音樂。

　　在贏得澳大利亞詩歌擂台冠軍寶座之

後，這一切都改變了。他現在有名氣受到
歡迎，要為演出和接受訪談，巡迴澳大利
亞各地，也要上電視通告和談話性節目，
還要參加像是 2018 年大英國協運動會
（Commonwealth Games 2018）或是
「TED 在雪梨」（TEDxSydney）等大型
活動。

　　2018 年九月三日，索立的第一本作
品集《聚光燈》（Limelight）問世。
此時已經來到十三歲年紀的
索立，在書中的同名詩作
中特別提到，這本作品
集的出版對他如何意
義是重大。他談詩、
論尬詩，也提到如何
尋找靈感以及如何讀
詩、理解詩和寫詩。
他還詳細說明了誦讀自
己寫出的作品的技巧。書中
也收錄索立的多首詩作。這個年
輕作家將這本書獻給他的讀者，口號是：
「和我一起改變遊戲規則！」（Be a
game changer with me!）大意是：改變既
有遊戲規則，找到自己的主場並悠遊其
中。把世界打造成自己喜歡的樣子。不要
聽天由命，而是找到自己，讓自己走出一
條新的道路。做自己。索立在前言中寫
道：

　　「我想鼓勵大家自己寫詩，並以這種

方式探討一些我認為對我的世代非常重要的議題。我喜歡從旁協助，讓人盡情展現自己的潛能。如果能讓明天變得比今天更好，我也對這樣的改變充滿熱情。」[86]

索立寫下的文字激勵人心，而且是：同時可以讓耳朵聽得到和眼睛讀得到的。因為朗誦也是尬詩擂台精彩的一部分，而索立正像是這方面的天才，是一個玩弄抑揚頓挫的雜技演員、文字的馴獸師，能夠靈活運用聲音、節奏和活力的人。他的朗誦時而加快語氣，時而放慢語速，又偶爾來個停頓。時而大聲，時而放輕音量，讓他的文字成為他對自己、對世界以及對他鍾情的寫詩這件事的詩意審視。他讓語言之美遇上嚴峻的現實，讓爆炸性的話題瀰漫在空氣中。節拍急促，聲音斷斷續續而語意濃烈，引發許多想像，情緒也跟著激動起來。

這些都深入人心，令人印象深刻。索立還運用各種手勢，牢牢吸引住觀眾的注意力。有時他又會雙手交握在肚腹前方，讓他看起來像個傳教士——然而，這樣的畫面看起來並沒有違和感。因為他為詩作傾注所有情感和想像力，清楚地表達出他想透過這些作品傳遞的訊息。索立不是一個只會遵循「想大事（think big）、不給自己設限」原則的人，他的座右銘是：要有遠大的夢想（dream big）。

他用三個詞概括他心之所繫：「寫作、行動、改變。」[87]

索立所寫的內容畢竟多少都與每個人有關，這也難怪他為詩作所下的標題諸如〈或許〉（Maybe）、〈擁抱我們的不同〉（Embrace Our Differences）、〈衝吧！〉（Go!）、〈改變〉（Changes）、〈飛翔〉（Fly）、〈想想〉（Think）、〈心靈馬拉松〉（Mental Marathon）等。這些詩作都提到許多人生中可能發生的情況、許多可能性，關注個體性而非齊頭式的平等，也探討改變。

索立在他的詩作中思考人的行為。他專注人道議題，或是永續相關議題、社會和其他正義議題，也觸及動物保護和環境保護的議題。他寫過汙染全球海洋的塑膠垃圾，也寫到想像的自由。比如在索立的〈飛翔〉一詩中，他就以「飛翔」一詞出

索立・拉斐爾，贏得 2017／2018 年度的澳大利亞尬詩擂台冠軍時，年紀是十二歲。創下該國最年輕的尬詩擂台冠軍得主紀錄。無論是涉及大層面或是小範圍的改變、人道議題、社會正義、動物保護、環境保護等，都只是他探討的議題的一部分。他的目標是以自己的詩作喚醒大眾以及鼓勵同齡人寫作、動起來和著手改變現況：為一個更美好、更公平正義的世界。

發聯想到許多層面的事情。他寫下各種小範圍和大規模的改變。他的目的是，寫詩以點出當前的各種問題，並設法加以解決。他想喚醒大眾，讓施政者承擔起應負的責任，以及影響同齡人。或許這樣一來，他們有一天也會寫下自己的詩句：〈或許〉。終歸是希望他們能表達出那些與自身息息相關的議題的想法，引發所有人自動自發地進一步思考：〈想想〉，並且言行一致地追求一個更美好、更公平正義的世界：〈衝吧！〉。

為此，索立善用他寫的詩和出場的機會。他靈巧地從一個音節到下個音節。有時候，在轉換到新想法或提出新意義時，無須多做什麼。因為重要的是這個年輕的澳大利亞人本身。當詩句的內容涉及更快、更高、更進步、更多現代社會的荒謬時，他就會做更多停頓、更注意語氣的休止和呈現出來的儀態。甚至，聚焦在某個意義上。某個更深沉的意義——如果是索立，或許他會這樣措辭：從文字到文字，一字一句地傳遞出他想表達的訊息，達到藝術與政治性兼顧的效果。

這就是索立於 2018 年專為兒童設計的「TEDx Kid」活動中介紹的「我們可以做更多」（We can be more）活動。他當時的演說就像吟唱一首詩歌，短短三分鐘裡面，他說出的字詞一聲聲擊中聽眾的內心，把他們敲醒，讓他們無法對這個年輕詩人拯救世界的心意置若罔聞。

「人們，」我們可以在他的個人網頁上讀到：「形容我是初出茅廬的人道主義者，或是改變遊戲規則的人，因為我關心如何讓生活在一起的所有人都能平等共存；同時我也關心我們地球的未來。」[88]

轉眼已經十四歲的索立說，自己長大後或許要當個飛行員。這樣一來，他就能真的飛起來了——或許這也是超越原本文字意義的另一種詮釋方式？

或許他會成為作家。

不過，如今的索立早已是個名副其實的作家了。

寫作！
行動！
改變！

蕾尤芙・艾胡曼蒂

（Rayouf Alhumedhi, 2011- ）

包頭巾女孩表情貼圖的創作者

「我的訴求是希望能有代表我們族群的表情符號。世界上明明有那麼多穆斯林，無論是在路上、學校或電視裡面，隨處可見。穆斯林在生活上的許多層面都已經爭取被看見和認可，在日常通訊中應該也可以比照辦理。」[89]

用文字表達難免會遇到一種情況：在留言給朋友或家人時，有時候就是會找不到一個貼切的字。如果想要講的事情沒必要太嚴肅，或只是想分享什麼有趣的事，或者是遇到什麼尷尬的對話，不想正面回應時，該如何表達呢？通常這時，如果可以發送個小圖就不至於冷場。比如黃色笑臉或是眨眼笑臉的小貼圖，相信大家都不陌生。這些小圖有時候可以傳達的意境，多於語言文字能傳達的內容，這類貼圖也通稱為表情符號——而且，目前表情符號已經是世界上使用人數增長最快的語言。新的表情符號不斷推陳出新，幾乎每個人都可以找到適合自己的符號：無論是戴頭巾的人、不同髮色和膚色、各種職業，都能找到相關的表情符號。不論偵探、廚師、歌手等，甚至連各種各類的動物也都有其代表的符號可用。表情符號不僅可以描繪出日常生活的樣貌，更能反過來形塑日常生活的樣貌。

雖然可以用的表情符號令人眼花撩亂，蕾尤芙卻怎麼也找不到一個可以代表自己的圖案。而她真正意識到這一點，是在她十五歲的時候。蕾尤芙出生於沙烏地阿拉伯，當時因為父親派駐德國柏林，任職於當地的沙烏地阿拉伯使館，蕾尤芙和家人一起住在柏林。她從十三歲開始戴頭巾。更精確地說，是穆斯林女性用來遮蓋頭髮、耳朵和頸部的一種頭巾。後來在某次訪談中，蕾尤芙被問到，是否認為頭巾是她身分的一部分時，她表示：

「我從十三歲開始戴頭巾，因為我喜歡那種可以控制自己想讓人看到什麼、不想讓人看見什麼的感覺。對我來說，頭巾就是自由的象徵。我母親也曾問過我：『告訴我，你是不是真的想戴頭巾。』我的答案是我想戴頭巾。我為戴頭巾這件事感到驕傲。」[90]

但是在表情符號的世界裡，蕾尤芙卻不能戴頭巾。原因很簡單：沒有這類圖案可選。十五歲的蕾尤芙與幾個女生朋友在 WhatsApp 組建群組時意識到這個問題。這群女孩子想用一系列表情符號作為群組名稱。為此，每個女孩子要找到與自己髮色與膚色相符、能代表自己的表情符號。群組成員中，只有蕾尤芙找不到可用的圖案，因為表情符號中沒有戴頭巾的形象。

唯一一個能找到的小圖，是一個頭戴印度頭巾的男子。可是這下，找到的這個小圖還真的不適合蕾尤芙使用。不過，最後蕾尤芙還是選用了這個圖案，然後再額外標上箭頭，指向一個女孩圖樣的表情符號。真是麻煩！想來真不是長久之計，畢竟蕾尤芙並不是唯一一個因為戴頭巾，而找不到可以代表自己的表情符號的人。

於是，蕾尤芙做的第一件事就是寫信給蘋果公司的客服，可惜她並未收到任何回覆。接著，蕾尤芙從網路上得知提案申請新表情符號的方法：只要向成員包含蘋果、微軟（Microsoft）和谷歌（Google）這些科技大公司的萬國碼聯盟（Unicode Konsortium）提案申請，一旦新的表情符號審核通過，就會被這些公司採用。

蕾尤芙寄出的簡短說明，很快得到回應。萬國碼聯盟認為她的提案很好，而且過去幾年內，表情符號在發展的過程中確實也有些突破。所以當時已經有單親父母和同性戀伴侶的表情符號。表情符號已然成為多元社會的縮影，但當時竟還沒有戴頭巾的表情符號貼圖可用。

蕾尤芙在許多專家的協助下，著手準備提交正式申請文件，其中包含她列出的一些批判性問題。因為有人說，使用頭巾是為了打壓女性的發展空間。對此，蕾尤芙有不一樣的看法：

「這樣說或許聽來奇特，但是每當我戴頭巾時，我覺得自己是自由的。（……）戴上頭巾可以讓人注意到女性的能力，而不是她們的外表。」[91]

蕾尤芙在後來接受訪問時不斷強調，她了解有些女性是被迫戴上頭巾，因此將戴頭巾這件事視為被打壓的象徵。這部分當然還有很多改善的空間。但是仍然有許多女性樂意戴頭巾，而且都是有自信、知

道自己在做什麼的女性。所以應該有能夠代表這些人的表情符號。

　　蕾尤芙在最後提交的申請書上，表明了她的態度：

　　「圖像在數位時代是通訊中的重要元素。相較於過去，表情符號是更有力的表達方式，而且使用頻率更高。數以百萬計的人用表情符號來傳達情感、外表或故事等訊息。（……）地球上大約有五‧五億穆斯林女性為戴上頭巾這件事感到自豪。然而，縱使如此龐大的人口，鍵盤上一直沒有為她們的存在保留一個位置。」[92]

　　此外，蕾尤芙還認為，戴穆斯林頭巾的女性表情符號，應該設計成不同的膚色，以突顯穆斯林社群的多元特性。她認為，這些表情符號除了要能夠傳達穆斯林的信仰外，也要能表現符合現實的多元性。因為無論在東正教猶太社群、東正教基督社群或天主教，戴頭巾都有重大意涵，蕾尤芙在她遞出的申請書中強調。

　　蕾尤芙的作為引起媒體的關注。她為穆斯林女性提高在數位世界中的能見度，也為這些戴頭巾的女性爭取更自然、更正常的通訊交流空間，世界各地的報章媒體和電視台早就開始報導這麼一位年輕女性。

　　2017 年，時機終於成熟了：戴穆斯林頭巾的女孩表情符號，終於出現在手機和各種即時通訊服務的介面上。

　　蕾尤芙做到了。她讓幾百萬穆斯林成年與未成年女性都能在這個使用人口增加最快的語言中，找到代表自己的圖像。蕾尤芙因此入選為《時代雜誌》2017 年度最具影響力的三十位青少年。

　　但是這些成就，也為目前住在奧地利維也納的蕾尤芙和家人帶來不良影響。一位奧地利右派的政治人物就認為《時代雜誌》評選的稱號根本「莫名其妙」。網路上更有不少咒罵和恐嚇蕾尤芙的聲音。

　　蕾尤芙只能嘗試忽略這些不同的聲音，讓自己聚焦在那些向她表達讚許和感謝的訊息上──這些訊息多半來自終於找到能代表自己的表情符號，而且已經開心地使用這些表情符號的女性。

　　蕾尤芙‧艾胡曼蒂從十三歲開始戴頭巾。對她來說，戴頭巾這件事代表的是她身分的一部分。她在十五歲與幾個女生朋友使用線上通訊軟體聊天時，才發現不能在通訊軟體中找到任何能代表自己的表情符號。原來，在蕾尤芙意識到這種情況前，表情符號的世界裡，從代表各種不同膚色與髮色人種的笑臉，到代表各種想像得到的職業符號，應有盡有，唯獨沒有戴頭巾女孩的圖像。

蕾尤芙反覆提到，雖然不過是一組表情符號，但這件事背後其實隱藏的是更大的議題，是關於開明與包容。至少兩者間有間接關係。或者，就像蕾尤芙在一次接受美國「有線電視新聞網」（CNN）的訪問時提到的那樣：

「當哪天人們意識到，原來戴頭巾的女孩不只是會出現在新聞報導中的人物，而且這些戴頭巾的女孩也開始出現在我們的智慧型手機螢幕上，這時人們才會確認，我們這些戴頭巾的女孩就跟其他人一樣，也是過著尋常日子的一般人。」[93]

海莉・福特

（Hailey Fort, 2007- ）

為街友發聲

「有人無家可歸，我覺得好像是不太對的事。我覺得每個人應該都要有個可以容身的地方。」[94]

其實每個人只需要三根支柱，就足以安身立命。這三根支柱分別是：身邊有你喜歡和喜歡你的人、一份能賴以維生的工作，和一個能遮風避雨的住所。這裡所說的當然不是有很多錢、很富有，甚至什麼奢華的享受，而是每個人都有權利有個他或她可以容身的地方。原本應該是這樣。

但是如果你們站在自家門前環顧一下，很快就會發現，還有許多人不符合這樣的想像。那些人所擁有的，往往只有隨身攜帶的物品，或是裝在隨手拎著的塑膠袋裡的東西。這些人之中有些人白天就坐在人行道上，乞求路過行人的布施。夜裡，他們就睡在街道上、橋下，或是地鐵站、火車站、百貨公司裡面，即便在冬季也是如此。許多人稱他們為「流浪漢」，但是這個詞裡面隱含了一個社會對他們認為不該存在的事況的輕視和冷漠。就是這樣，即使是官方用詞「遊民」也掩飾不了其中的貶意，反而是英語用詞中的「無家可歸的人」（Homeless People）更能點出問題所在：沒地方住、沒有處所可以遮風

避雨的人。這些人可能是女性、男性，也可能是兒童。我們之中的多數人只是漫不經心地從他們身旁走過，不會多看一眼。

但是海莉・福特不會這樣做。她第一次看到街友是在她五歲的時候。正因為她沒有視而不見，對此正視，她才看到對方有多需要幫助。她詢問母親的意見，問自己是否能幫助那位遊民。那次，她的母親給了肯定的回應。從那時起，海莉一家人開始合力幫助路上的街友。

當時海莉不是給那位街友錢，而是買了些東西請他吃。這是海莉從過去到現在一直以來的行事作風，她做事時，也總是從長遠的方面去設想，她不想僅以幾枚硬幣或一張鈔票去讓那些人得到一頓飽餐。因為她喜好園藝，也有園藝方面的天分，所以她種植許多蔬菜和水果。海莉的菜園每年約可為當地的供餐站免費提供六十公斤的蔬果。一開始，她的父母只是在一旁提供建議和必要的協助。海莉的母親在一

次接受「美國廣播公司新聞台」（ABC News）訪問時提到，重要的是，想透過這些作為向其他人傳達，他們也同樣能奉獻一己之力的訊息。

2017 年五月，海莉在新的農事季節種下番茄、黃瓜、青花菜、包含豌豆在內的多種豆類植物、甜椒、草莓和藍莓。2018 年四月，她又在園子裡加種了蘋果樹、櫻桃樹和桃樹。至此，她的菜園已經可以為遊民的餐食供應兩倍量的蔬果，也就是一百二十公斤。

而且，海莉還要做更多事。她募款為遊民購買肥皂、毛巾、梳子、清潔用的刷子、牙刷、牙膏、面紙、衛生紙和其他護理用品。她也為學校募集冬季用的厚外套，讓每個孩子有基本的保暖外套。一張有海莉的照片上可以看到，她幾乎被淹沒在各界捐贈的衣物堆裡，但帽子底下的海莉依舊漾開燦爛的笑容。僅 2018 年一年內她就募集到超過二百件大衣和外套。海莉的妹妹喬西（Josie Fort）也來幫忙發放物資。未來喬西想要蓋幾座蜂巢小屋，擺在市中心展示，因為她認為這樣可以呼籲，蜜蜂也需要人類的保護。

由於海莉堅信，每個人都該有個遮風避雨的地方，所以她想為街友打造這樣的處所。海莉的母親給她看了一段一位洛杉磯男子拍的一段影片。影片中，男子為街友搭建了行動住所。海莉根據這位男子的構想，自己設計了一款帶輪子的迷你屋。這款迷你屋長 2.4 公尺，寬 1.2 公尺，有窗子，還有帶門鎖的出入口，內部空間可以讓一個成年人在裡面睡覺。此後，海莉只要一有空檔，就在為她的迷你小木屋計畫鋸木、鑽孔或敲敲打打。她想把她的第一座迷你屋送給一位結識多年、名叫艾德華的朋友。

海莉打造迷你屋所需的物資，主要是透過物資徵集或是已募得的善款購買而來。海莉提供的行動住所，讓這些原本在街頭裹著紙箱睡覺的人，不用再遭受雨淋、日曬、風吹，也不再受凍，同時也避免受到他人的窺探，或甚至必要的時候也可以防止他們被其他人侵擾。這些小屋的出發點，是希望提供有需要的人一個小小的窩。此外，海莉的父母也聯繫當地的市政府，尋求置放這些行動住所的地方。說到底，一座迷你屋需要的空間都還沒有一輛汽車那麼大呢！地方教會也同意提供支援。預計在接下來的兩年內，有望可以造出十來座這種迷你屋。

2016 年五月，轉眼已經九歲的海莉獲得首屆「迪士尼公主夢想無限獎」（Disney Dream Big Princess-Award）。這個獎表彰了海莉對地方上的偉大貢獻。主要是因為她的行動已經達到拋磚引玉的效果：海莉參加了一場名為「穿上她的鞋走一哩路」（Walk a mile in her shoes）的美國反家暴示威遊行活動。一年後，她又出現在同樣的場合。她向警方詢問，在她居住的城市裡有多少女性是家暴受害者。對於這些有必要，而且也有意願脫離自己家庭的女性，海莉也希望能為她們提供行動住所。

海莉的奉獻與投入也感染了其他人，讓這些人也願意為街友和有需要的人集結起來。

同時，海莉也發起一個群眾募資活動，以簡化大眾的捐款流程。海莉將自己為街友所做的事都記錄在自己的臉書專頁「海莉的收穫」（Hailey's Harvest）上。在這個專頁上的留言，常有不少感動人心的內容：「嗨！海莉與家人，」一位支持者留言道：「你們對街友的無私大愛，讓你們成為許多人的榜樣。我為你們，還有

你們所做的事感到驕傲！」另一位捐款者留言道：「妳就像黑暗中的一盞明燈。」還有人留言表示：「妳真是天使！主祐平安！」[95]

那次單筆捐款的款項從五到一百美元不等。

2018 年四月，適逢人權鬥士馬丁・路德・金恩（Martin Luther King）遇害五十周年紀念。海莉在她的臉書上寫下：

「為了紀念他，我要請大家盡一己之力做出改變——和那些比你不幸的人分享你的餐食、幫助那些購物返家的年長的鄰里鄉親，或對陌生人說句善意的話。」[96]

2019 年二月，海莉利用面見參議員克麗斯汀・羅爾夫斯（Christine Rolfes）的機會，表達了她的想法，她希望所在的城市能提供讓人負擔得起的居住空間。一時之間，地方報紙和新聞台爭相報導，讓海莉窮於應付——通常這種時候，她會躲起來一陣子。就像 2016 年十一月那次，或是在她妹妹接受手術那段期間。這種時候仍有人會留言關心她、鼓勵她、為她加

海莉・福特五歲時，第一次看到在街頭流浪的人。當時她問母親，自己能否幫這位街友。海莉的母親給了肯定的回應，自此海莉利用餘暇時間為街友種植蔬果、提供盥洗用品給他們，並且開始為他們建造行動住所。是她，讓這個世界變得更有人性。

油、祝她健康，一如這些人留言給她的內容：「照顧好妳自己。」

到了 2018 年耶誕節期間，海莉和家人又載了滿車募得的物資出動。他們甚至把這些保暖衣物一件件像禮物一樣包裝起來——這也是展現人性關懷的態度。

「我很樂意做這些事，」海莉說道：「能幫助其他人，讓我很快樂。」[97]

只要願意睜開眼睛看這個世界，就會發現，這個世界還有很多改善的空間。就像海莉已經以她的行動證明給我們看的那樣。

海莉給了這個世界一個更有人性的樣貌。在海莉的臉書上有張照片，是她坐在一手打造的行動迷你屋前，臉上滿溢著笑容，雙手高舉一個牌子，上面寫著幾個大字：「愛戰勝一切」。

而只要有愛，人人都能做點什麼，無論男女老幼，也無論所做的是大事或小事。

黃之鋒

（1996-）

民運人士

「我們所要爭取的很簡單，就是希望下個世代能擁有自由。」[98]

每天要到學校上課的人，應該就不會那麼常想到，為什麼學校課堂上要教哪些內容，又不教哪些內容，也很少去思考為什麼我們要學習這些內容，而且為什麼剛好是這些內容？但是本文中所提到的主角，如今已經是知名香港民主運動領導人物的黃之鋒，從十四歲開始抗爭的對象是一個強大的政體，他所做的事，就與這個課題有關。

2011 年，香港政府決議，當地所有在校學生都應修習一門新的必修科目。但是這個新科目可不是像體育或數學這類術科或學科，新的科目名為「德育及國民教育科」，而且該科目是在中國政府授意下推行的。理由是香港是中國的一部分。香港是所謂的特別行政區，享有部分自治權與自由。這樣的發展有其歷史緣由。

從 1843 年到 1997 年間，超過一百五十年的時間裡，香港一直都是英國的殖民地。英國軍隊在一場戰爭中，占領了這個在中國南部沿海的大城市。直到 1997 年，在英國與中國取得共識的前提下，香

港才重新歸還中國。然而，在過去那麼長的時間裡，中國和香港各自往不同的方向發展。因此才在「一國兩制」的原則下，讓香港在回歸後的五十年內，在諸如經濟、內政、社會和文化議題上保有一定程度的自治權。同理，相較於中國其他地方的媒體，香港的媒體也享有更多自由。香港市民想要守護這些自由的同時，中國政府卻想要加強對香港的控管。

2011 年傳出即將在學校教育加入新科目的消息時，馬上讓黃之鋒有所警覺。他憂心，中國政府的影響力會不斷擴大，他指稱新設的科目有「洗腦」的疑慮，因此決心起而抗爭。在這之前，黃之鋒並沒有特別熱衷政治方面的事務。在一次接受英國媒體《新左派評論》（New Left Review）的訪談中，黃之鋒回憶道，當時他還沒有讀過任何關於政治議題的書。

「我就只是和其他香港青少年一樣，偶爾打打電玩。」他說。關於政治，他也只是在網路上讀過一些資訊：「應該可以

說，臉書就是我的圖書館吧！」[99]

隨後，他和幾個朋友一起創辦了「學民思潮」組織（Scholarism）。如此公然表態，並積極投入政治事務，在香港並非理所當然。許多學生是冒著與父母輩的衝突加入這場運動。在黃之鋒眼中，他童年時香港的文化氛圍非常保守，只顧著追求個人成就。他曾經問過一位女老師，如何為社會做出貢獻。這位女老師在課堂上回答道：

「如果你們能進入大型跨國企業工作，而且在你們有錢之後能捐些錢給窮人，就是對社會做出貢獻了。」[100]

這樣的想法對黃之鋒和加入「學民思潮」的成員來說是難以接受的。他們想要直接採取行動，他們希望自己的聲音被聽到、訴求被看見。於是，他們在各個車站或市中心的步行區散發傳單，宣傳他們抗議行動的理念。之所以有那麼多在學學生參加這場運動，其實不只是因為不希望自己被北京當局「洗腦」，而是因為這些學子也覺得，在已經滿堂的課表上再加入一個新科目真的是太多了。也就是說，撇開重大的政治議題不談，許多學生的加入純粹只是因為課業負擔太重了。

這時，黃之鋒已經全力投入「學民思潮」的運作。參與這個組織的人帶著擴音器，接連幾個星期，甚至連續幾個月在香港的大街小巷奔走。其中，又以黃之鋒的好口才最能帶動現場氣氛。除此之外，「學民思潮」還發起了一項反對導入新科目的請願活動，並在短短十天內獲得十萬人連署支持。

隔年的 2012 年夏天，在新學年即將開學前夕，「學民思潮」的成員決定占領香港政府總部前的廣場。他們架起帳棚、擺起桌子、搭起棚子，有些人索性就睡在鋪了報紙的磚石地上。第二天，當時的香港特首雖然一度現身，卻拒絕對學生的訴求讓步。從手機拍下的影片中可以看到，黃之鋒面對香港特首如何慷慨陳詞，表現出一個年輕學子勇於對抗強權的態度。

在占領活動持續進行時，天空下起了雨，令人感覺不適，參與人數也隨之越來越少。接著卻發生了在後來黃之鋒回想起來仍直呼奇蹟的事情——突然間，廣場上湧入越來越多人。一開始是四千人，不久現場人數就來到十二萬人。這時香港政府

的態度才有所鬆動，表示願意讓各校自行決定是否教授新科目。

這些學生證明了，他們也能改變這個社會，而且他們還想要求更多。2014年，新的抗議聲浪又在香港如火如荼展開。這次是因為選舉權。因為依原本的規劃，香港公民預計在 2017 年可經由普選形式選出特首。但是中國政府卻決定，只有經過中方批准的初選名單內的人才能成為候選人。在許多人看來，這種做法已經違背了原本的自由承諾和民主的真諦。他們希望能選出自己認為最好的候選人，而不只是中國政府可以接受的人選。

黃之鋒帶領一群為抗議而罷課的各級學校學生。他在一場活動中表示：

「我們的父母說，罷課會毀了我們的前途。但是，在當前的政治體制下，我們又會有怎樣的未來呢？學生應該讓大人知道，他們不能擅自立下所有的規則。」[101]

2014 年九月，有一群抗議人士衝進 2012 年已經被學生占領過一次的政府總部前廣場，黃之鋒也是其中一員。黃之鋒因此被捕，並羈押在警局將近兩天的時間。抗議人士很快占領香港以中環為主的幾個幹道，為期近八十天之久。在這場運動中，由於警方多次使用催淚瓦斯驅離示威者，參加抗議活動的人只能撐起雨傘抵擋催淚彈的攻擊。因此雨傘也成為這場抗議活動的象徵。

關於這場運動，流傳到世界各地的畫面令人印象深刻：兩旁高樓大廈林立的香港街道上擠滿了抗議人潮——而且畫面中不斷出現雨傘。原本只是日常用品的雨傘就此成為政治象徵。

雖然最後，那場選舉還是以中國政府想要的方式進行，黃之鋒卻已經成為那場抗議活動的代表人物之一——這樣的印象至今仍深植人心。黃之鋒代表的是一個世代的人，這個世代不會對所有事逆來順受，而是會為自己的信念和自由民主挺身而出。後來黃之鋒因為積極參與占領行動，被判入獄服刑幾個月，但也因此讓他知名度大增。來自全球各地的媒體爭相報導這位勇敢對抗中國政府的少年——雖然這個男孩在這之前都還只是個休閒時最喜歡做的事，就是打電玩的中學生而已。黃之鋒在 2014 年的抗議活動後，被英國的《泰晤士報》（*The Times*）評選為「年度青年人物」，也被美國的《時代週刊》

黃之鋒，1996 年十月十三日生於香港。十四歲時，為抗議香港政府意圖在學校課程中導入新的愛國教育科目，成立「學民思潮」組織，與中國政府對抗。黃之鋒後來成為香港民主運動中最有影響力的人物之一。

評為 2014 年度全球最具影響力的青少年。此外，串流影音平台網飛（Netflix）更為他製作了一部紀錄片。

2016 年，黃之鋒與其他青年民主運動人士共同組建了一個監督政府的黨派：香港眾志（Demosisto），由黃之鋒擔任祕書長。直至今日，黃之鋒前往世界各地，談論感動他的各種議題、談論民主與自由。

而這一切的開端，都始於他開始思考，自己到底應該在學校學到什麼。

爭取自由
與民主！

茱莉亞・布盧姆

（Julia Bluhm, 1998- ）

提倡自主身體—形象意識

> 「我們需要真實的照片——我們需要可以呈現當今女孩真正模樣的影像。」[102]

捫心自問：你們有誰覺得自己很漂亮？如果有兩個選項分別是「你喜歡自己哪些地方？」和「自己有哪些地方讓你覺得煩惱？」你們會更在意哪一點呢？

統計數據資料庫（Statista）公布了幾項關於德國的數據：在被問到「你對自己的外表有多滿意？」這個問題時，十一到十三歲的男孩中，有 71% 表示「非常滿意」或「相對滿意」。相比之下，同齡的女孩只有 58% 對自己的外表感到滿意。年齡層在十四到十五歲之間，還有 65% 的男孩和 56% 的女孩滿意自己的外表。再往上到十六至十七歲這個年齡層，女孩於此甚至還有 55% 的滿意度，對比男孩的 72%。

雖然對美貌的認定會因為所處的國家和文化而有所不同，但有一點可能到處都一樣：很少有青少年對自己的外表感到滿意。無論是覺得自己太胖、太瘦、個子太高、太矮小、肉太多、不夠水靈，或遺憾自己一點超人氣概都沒有……反正不管怎麼看，就是覺得處處不滿意。到底為什麼

會這樣呢？

茱莉亞・布盧姆和她的好朋友宜孜・拉貝（Izzy Labbe）也在思考這個問題：

> 「當我們身邊的朋友進入青春期，我們看到許多人難以接受自己身體的變化。於是，她們開始和雜誌上的模特兒做比較。這些女孩都是我們從小就認識的。現在卻要眼看她們陷入越來越沒有自信的惡性循環中，我們感到很可悲。」[103]

無獨有偶，類似這種惡性循環，似乎也在世界各地上演：和他人比較，只會讓我們覺得自己越來越糟，結果呢？我們還來不及培養出茁壯的自信，就這樣跌落到陰暗的谷底。

情況確實相當複雜，但也因此讓茱莉亞和宜孜更想了解確切的原因，她們開始蒐集身邊女同學的想法。深入了解的結果令她們感到錯愕：原來，對自己外表不滿意的原因，並非青春期身體的變化，或是透過鏡子審視自己的眼光太嚴格，而是太

在意他人的觀點。而影響這些他人觀點的來源就是媒體、報刊、雜誌，尤其是廣告。這些資訊隨時都在告訴我們美麗的定義。修長的腿、絲毫不見脂肪的體型，以及完美無瑕的肌膚——總之，這些媒體總是不斷灌輸我們相同的老套思想。只要有人相信照片上呈現的內容是真的，照片上的模特兒就是完美的。但是茱莉亞和宜孜卻提出質疑：這些照片真的沒問題嗎？青少年真的看起來都是這個樣子嗎？如果真是這樣，那為什麼她們身邊都是些不斷和青春痘奮戰、一次次在各種減肥計畫中失敗的人？

最後兩人總結，那些看起來光鮮亮麗的照片與實際不符。照片上的模特兒同樣也有他們各自感到不滿意的地方，只是那些地方都被修圖軟體修飾掉了。那些照片都不是真實的，卻有巨大且危險的影響力。因為這些照片為世界訂下了美貌的標準，已經足以使它們形成「美貌恐怖」（Schönheitsterror），造成對外表感到焦慮的事實。即便如此，青少年族群仍然爭相仿效——而且絕不僅此而已。他們想要看起來像照片裡的形象一樣，像蝴蝶一樣精緻玲瓏，猶如剛從畫裡走出來的人一樣完美。

而這正是問題所在。

美國曾經做過的一項問卷調查也顯示，只要看過雜誌上經過加工的照片三分鐘後，每四個受訪的女孩中，就會有三人對自己的外表感到不滿意。如果再想到，有越來越多成年或未成年女性追求瘦身，並將此與性感聯想在一起，還會讓這種彼此攀比的惡性循環和自我貶低的情況更趨嚴重。

所以茱莉亞和宜孜從媒體著手，特別是針對那些以青少年族群為訴求對象的媒體與刊物。她們這樣做的目的，是希望其中對未成年少女的呈現能更貼近現實、更反映真實。起初，那些以數位方式加工、修得很完美的照片並未引起兩個女孩的注意：宜孜自認是個很有自信的人。當時已經學芭蕾舞多年的茱莉亞，則對那些追求要非常完美、身形非常纖瘦的心態並不陌生。然而，也有反其道而行的一些人。茱莉亞自己就非常欣賞米斯蒂・柯普蘭（Misty Copeland）。柯普蘭是美國芭蕾舞劇團（American Ballet Theatre）第一位非洲裔的首席芭蕾舞者。她以健美的肌肉線條和活力滿滿的動感，展現出舞者的另一種新面貌。

但是茱莉亞和宜孜兩人也知道，媒體上的照片對其他女孩的影響有多深。因此，讓她們的腦子接受其他形象已經是刻不容緩的事情了。是時候高呼：「讓女孩看到女孩真正的樣子吧！」（Give Girls Images of Real Girls!）。

2012 年四月，茱莉亞和宜孜開始以這項訴求，在全球最大的請願平台 Change.org 上發起請願活動，要求美國少女雜誌領導品牌《十七》（Seventeen）不要在他們發行的雜誌上刊載那些經過美化的模特兒照片。此外，她們採訪更多女學生，請她們表達對《十七》雜誌的看法。這次的結果再次令她們感到意外：原來竟然很少人會帶著批判的眼光審視這本雜誌的內容。她們翻看雜誌上的照片，然後就這樣毫無招架能力地，讓這些影像破壞她們的心情。這些女學生完全沒想到，有「問題」的從來不是她們自己，而是那些照片。她們只是在沒有意識到的情況下情緒被操控了。所以茱莉亞和宜孜發起的請願活動正中問題的核心。在短短幾天內，請願活動就收到超過兩萬五千人的連署。不過要到同年五月初，茱莉亞受邀前往紐約，接受有線電視新聞網和美國廣播公司《夜線》（ABC Nightline）節目的訪問，在電視上談「讓女孩看到女孩真正的樣子吧！」活動時，兩個女孩才慢慢接受她們發起的活動成功的事實。茱莉亞自十三歲起就加入知名女權團體 SPARK。趁行程之便，茱莉亞也在紐約與該團體的代表見面，並前往《十七》雜誌總部大樓前抗議。與此同時，宜孜則在家鄉發表部落格文章，介紹抗議活動的最新進展。

「值得一提的是，那可是我有生以來第一次看新聞報導。」[104]宜孜笑著表示。

再怎麼說，當初闖禍、把那種遙不可及的美貌標準帶給觀眾與讀者的媒體，如今仍然有影響力。因為這些媒體也報導這兩個女孩的作為，讓更多人知道她們的訴求。兩個女孩的努力最終並非完全沒有作用。2012 年七月初，茱莉亞將超過八萬六千人的連署聲明遞交給《十七》雜誌。而雜誌方也非常快速地做出回應。該雜誌總編安‧修凱特（Ann Shoket）就在接下來發行的八月號雜誌中宣布：

茱莉亞‧布盧姆十四歲時，開始反對雜誌刊載修改過的模特兒照片。2012 年四月，她和好友宜孜共同發起一項名為「讓女孩看到女孩真正的樣子吧！」的請願活動，要求美國具領導地位的少女雜誌《十七》自律。該次請願活動最後獲得八萬六千人的連署支持，促成之後《十七》公開表示會改變雜誌內容的經營策略。

「我們不會再修改任何女性的身材或臉部輪廓，我們會在自家雜誌上讚賞美的各種樣貌。」[105]

此外，修凱特也承諾，會在雜誌中穿插一些拍攝現場的側拍照，以便讓讀者看到幕後工作的真實情況。

茱莉亞和宜孜應該會永遠記得這次經歷。兩個來自美國緬因州的十四歲女孩，改善了一種把人壓得喘不過氣的局面。現在，這兩個女孩也想鼓勵其他青少年積極面對問題：

「我們遇到的一個大問題是，我們不知從何著手（……）但我要說：無論如何都要做些事，即使不確定是否能成功。」茱莉亞在 2013 年十一月如此說道：「只要你們有想改變的事，就試著去改變它。」[106]

她們要傳達的訊息是：在網路上到處看一看！一起動起來吧！加入相關活動或組織！因為要改變某些事無關乎年紀老幼，也與性別無關。茱莉亞進一步表示：

「男孩看到雜誌上呈現出來的女孩形象，認為女孩應該比男性柔弱、次要，甚至認為女孩應該看起來被動、性感。這可能會有不良的後果。因此，同樣也很重要的是，希望男孩也能對媒體提出質疑，向媒體說：它們呈現的內容與現實不符，我們學校或所在地的女孩看起來都不是媒體給我們看到的樣子。而且，他們也該認清，媒體並非總是可信的。」[107]

接著，茱莉亞又發起另一項請願活動，同樣要求《少女時尚》雜誌不要再刊登以軟體修飾過的照片。她同時持續在 SPARK 的網站上發表文章，探討情緒意識與正向身體意識等議題。

大膽一點，用善意的眼光看待和包容自己，終究是值得的，因為你們現在的樣子就很漂亮。因為美，是要有愛才看得到的東西。這也是德國詩人克里斯提安・摩根施坦（Christian Morgenstern，1871-1914）早在一百二十年前就知道的事。

而且，最好就從今天開始行動吧！

讓我們看到女孩真正的樣貌！

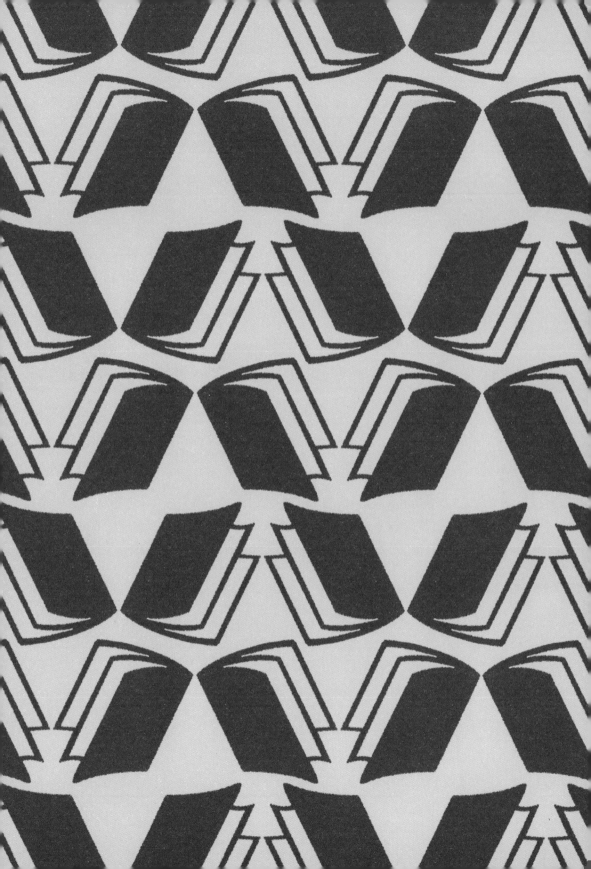

雅克柏・史普林菲爾德

（Jakob Springfeld）

氣候保護運動者、反右派人士

「自從我開始反對右派思想，以及投身『星期五救未來』組織的活動以來，我常在街上被右派人士吐口水、辱罵或刻意推撞。我必須注意自己的安全，所以通常入夜後我不會再一個人外出。情況演變至此，雖然讓我感到傷心難過，卻也鞭策我要堅持下去。」[108]

到底人要做些什麼才算和「政治」兩個字扯上關係？要怎麼做，一般人才會開始對政治議題有興趣？一般人何時才會開始思考，哪些事在自己的國家或自己居住的城市可以發展得更好？何時才會開始思考，自己怎麼做才能帶來一些改變？

雅克柏・史普林菲爾德成為被許多報章媒體提到，認為是會思考政治議題的年輕人，其實要從 2015 年說起。當時有許多人可能因為戰爭、暴力、貧窮或看不到未來等因素逃到德國來。所有這些人幾乎是放棄原本在家鄉的一切，而且剛經歷過危險的逃難旅程，可能是搭船渡海，或是徒步穿山越嶺。

由於這些逃難的人到了德國需要一處可以遮風避雨的地方，於是他們會被安置到各地的緊急收容所。有些難民因此來到薩克森邦的城市茨維考（Zwickau），其中又有些人被安置在雅克柏家附近的體育館。

難民抵達的那一天，雅克柏和家人在用餐時聊到當天城裡發生的事情。這家人一致認為，總要有人為這些初來乍到的人提供任何他們需要的協助，而且正好眼前就有一個機會：雅克柏母親服事的教會剛好可以提供場地。因此，當年十三歲的雅克柏與父親，連同幾個熟人，邀請幾個難民和他們一起打桌球。他們希望藉此讓這些難民感受到一點尋常的生活的氛圍，對於那些人生遇到重大轉折的人來說，這點肯定非常重要。不久後，雅克柏又集結幾個朋友的力量，在一次學校的社交日活動中，安排難民與同學接觸。

不過，並非所有人都認同雅克柏的做法。特別是有些同學受到父母影響，帶著偏見看待這些令他們覺得陌生的人。要是遇到這種情況，通常花點時間和對方相

處，相互交流而不是爭論各自的觀點以增進彼此的認識，大多都很有幫助。就這樣，難民也能成為朋友。這類經驗深深影響了雅克柏，因為這些情況讓他知道：從小事著手也能帶來一些改變——只要能堅持自己相信的事。

有一次新納粹份子（Neo-Nazis）在附近的城市肯尼茲（Chemnitz）舉辦一場遊行活動，而雅克柏則是參加了反對那個遊行的抗議活動。此次的經歷改變了雅克柏更多看法：

「有個鞭炮就正好落在我身旁。這件事激起了我的政治意識。當時我心想，到底為什麼會這樣？不如就從茨維考開始吧！」[109]

可能嗎？參加一場反右派的抗議活動就會被丟鞭炮，這種事情可能發生在今日的德國嗎？雅克柏可不願就此屈服。於是，原本只是一個會思考政治議題的青少年，如今轉變成一個採取行動面對政治議題的年輕人。他先是在茨維考成立一個名叫「綠色青年」（Grüne Jugend）的組織，也就是政黨「九〇聯盟／綠黨」（Bündnis 90/Die Grünen）的青年團組

織。接著，雅克柏很快又和一位女性朋友加入「星期五救未來」氣候運動在肯尼茲市的組織，並鼓吹一群茨維考年輕人參加接下來由「星期五救未來」發起的遊行活動。當天在火車站前，雅克柏簡直不敢相信自己親眼所見，竟然有三百人響應自己的號召！

十七歲那年，雅克柏成為茨維考地區「星期五救未來」組織的共同創辦人。這時，他投入社會運動的事務已經占據了他大部分的時間。在這之前，他花很多時間在玩樂器上。過去，他不僅吹奏小號，也經常參加各種比賽。現在他玩樂器的時間更少了，能夠用在學校課業的時間也變少了，但最終雅克柏就是有辦法在這些事情中取得平衡：他以「星期五救未來」組織茨維考分部力，策劃了幾次遊行活動，也舉辦撿垃圾活動。如今甚至能與茨維考市政府專門統籌環境與氣候保護相關事務的氣候經理（Klima-Manager），同在一張桌上商討如何推動該市氣候保護的相關事務。

雅克柏的訴求被聽到了，而且他也引起越來越多關注。對他個人來說，這是再好不過的事情。因為在茨維考有一群活躍

的新納粹份子，他們人不僅排外和高呼種族主義，還會公然對「星期五救未來」組織的成員嗆聲。雅克柏也不斷成為右派人士的攻擊目標。之前他就曾因為身上穿的毛衣上有「歡迎難民」（Refugees Welcome）等字樣，一度身陷險境。如今他也不時在大街上遭人吐口水，或是在俱樂部聚會時被人襲擊。

在他們的遊行活動中，也常有右派政黨的人出沒。那些人會關掉遊行隊伍中年輕人使用的擴音器，或是對著參加遊行的人拍照。比如，雅克柏就曾經被人在網路上放了一張照片，照片旁還有語帶威脅的留言寫道：

「我希望，你還能喘息的日子不會太久了。」[110]

諸如此類的恐嚇威脅讓雅克柏感到害怕。因為他自己最清楚，訴諸文字後，隨之而來的可能就是行動了——只是那些舉動不見得是善意的。

因此入夜後他通常不會單獨外出，但他也不希望自己因此就被打敗。他會公開那些恐嚇他的言論內容，從而得到許多人的聲援，因為他們都認同，雅克柏和「星期五救未來」組織在茨維考推動的事務非常重要。這位少年努力對抗反對勢力，即使面對恐嚇威脅仍不改其志。這份勇氣感染了許多人，也讓雅克柏成為眾人的表率，讓許多人願意參與公共事務。雅克柏曾在一次受訪時表示：

「許多人都產生反法西斯主義的感受，而這種感受在這個區域是有必要的。」[111]

右派人士使用恐嚇威脅的做法，反而出現適得其反的效果，他們不但沒把人嚇退，反而讓人相互扶持，繼續做他們認為該做的事，加入的人也越來越多。

這給了雅克柏很大的力量，也正是他需要的。因為這時的雅克柏已經不再僅止於關注氣候保護事務，也開始採取行動反對右派極端分子。同時，成為一個有政治行動力的青年，對他來說意味著，面對不同問題要做全盤的考量。而要對付右派人士，雅克柏的家鄉茨維考正是最合適的地方，因為這個城市在這方面已經聲名狼藉：三名極右派恐怖組織「地下國社」（NSU）的成員就曾窩藏在此地。僅在2000 年至 2007 年間，「地下國社」就殺

雅克柏‧史普林菲爾德在十七歲時已經很有作為。他不僅參與了「星期五救未來」組織在茨維考的成立過程，也發起一場反右派的集會遊行活動。他因此不斷遭到右派人士恐嚇。不過他更明白：唯有採取行動，才能帶來改變。

害了十個人，在紐倫堡（Nürnberg）遇襲的恩維爾‧辛席克（Enver Simsek）是這一連串謀殺案的首位受害者。幾年後，茨維考市府在市內公園種了一棵樹紀念辛席克。未料，這棵紀念樹卻在不久後遭不明人士攔腰砍斷，藉以嘲諷受害者及其遺族。時至今日，這些受害者遺族仍然因為案情未得到充分釐清而受苦。

深度新聞性節目《今日話題》（Die Tagesthemen）報導了茨維考發生的紀念樹褻瀆事件，使得這件事一夕之間成為全德國熱議的話題。多位政治人物紛紛表示震驚，而這次事件也再次讓問題浮出檯面，讓人不禁要問：這個國家到底怎麼了？為何越來越多人只是事不關己地聳聳肩，默許右派和極右派組織的行徑？而且右派和極右派組織的主張，為何會受到越來越多人的支持與擁護？經常說出漠視人權、帶有種族偏見和反猶太言論的右派政黨政治人物，為何可以安坐在邦議會和聯邦議會中？無論在網路上或是大街小巷看到的情況，為什麼我們社會的仇恨值越來越高？為何有些人即使面對暴力，尤其是對那些特別需要保護的人施暴的情況，已經不再退縮？

這些被稱為「傾向右派」的情況，可能令人心生畏懼，導致令人心生放棄的念頭，閉戶自居，只希望自己不成為另一個受害者。右傾的風氣也可能導致迴避政治議題。或也可能是反過來，讓人更積極參與政治議題的行動：現在正是時候！我所在的社會應該是什麼樣貌，操之在我。

不要再有「地下國社」！

茨維考反右派份子！

雅克柏為自己選擇走上第二條路。因為辛席克紀念樹遭到破壞的陰影讓他久久難以釋懷。紀念樹雖然就種在離他就讀的學校不遠之處，但是在遭到惡意砍倒前，他竟對此一無所知——既不知道有這樣一棵樹的存在，更不知道那棵樹立在那裡所為何來。一個供人憑弔的處所竟要因為遭到破壞才能引起公眾的關注，意識到這一點，令他羞愧不已。他想以此作為警惕，因此他與幾個朋友寫了一段話，透過即時通訊軟體發給同校的同學：

「我們都不樂見所在的城市發生這種有損形象的事。明天午休時間就讓我們一起做點事，讓大家知道我們的想法：我們在校門口前集合，一起到遭破壞的紀念樹那裡。我們將會在那裡默哀一分鐘，所有人都可以帶上花朵到現場獻花。我們要讓人們知道，我們想的不一樣，而且我們不會再讓這樣的事情發生。身為這座城市的在學學生，我們不應該，也不允許沒有反應，裝作好像發生這樣的事對我們毫無影響。（……）所以大家一起來吧！我們一起來發出和平與勇氣的信號。說不定也會有哪位老師願意與我們同行呢！」[112]

果不其然，活動當天也來了幾位老師，比如雅克柏的德文老師即是一例，連校長也來了。最重要的是，超過一百位雅克柏的同校同學都參加了這場活動。許多人在紀念樹的種植地獻花，最令人矚目的

莫過於鮮豔明亮的黃色向日葵。這些年輕人一起讓外界注意到，茨維考存在著納粹問題的事實。他們以身作則，想讓外界看到他們的期望：「我們要的是多采多姿、多元化的茨維考！」

這次活動的照片，全德國都看得到。有人在社交媒體上留言表示感謝，寫道：「你們都是很棒的學生！」或者是：「你們讓我看到希望，非常感謝！」

各大報都報導了雅克柏和他的一群戰友所做的事，比如《時代週報》（Die Zeit）就將雅克柏列入「德國東部百大青年」名單。後來在一次追悼會上，雅克柏有機會面見當時的德國總理梅克爾。雅克柏乘機對梅克爾提出成立「教育與文獻中心」（Bildungsund Dokumentationszentrum）的想法，因為雅克柏希望能夠有這樣一個場地，讓學生討論自己國家的現況。這也是他在聽取茨維考其他反右派運動成員的訴求後所得到的結論。

這又是一次對雅克柏有重大影響的經驗，原來還是有許多人不願遷就於現況。期許現況有所改變的人，絕對不孤單，因為團結力量大：這時薩克森邦政府也表態支持成立這樣一座研究中心。

「那個時刻讓人感受到，原來政治離我們那麼近，還有，原來我們能做的事很多。」雅克柏表示。「有些事確實因為我們的施壓才發生改變，這才是民主該有的

樣子。」[113]

　　高中畢業後，雅克柏希望前往哈勒（Halle）讀大學，並預計學成後再度返回家鄉。因為在他從小成長的茨維考，還有些建設有待完成：

　　「我想要一個寬闊、開明、有勇氣的社會。這個社會中某部分的聲量仍然過於微弱。我希望能有更多人加入我們的行列，也希望有更多人不再對惡劣的社會發展視而不見，大家應該要積極且多元地加以反擊。」[114]

　　雅克柏‧史普林菲爾德立志成為這樣的社會中的一員。因為他知道，只要有信心，就能有所改變。

「暴動小貓」樂團

（Pussy Riot）

提倡女權人士、批判政府與教會的龐克搖滾樂團

> 「權力並非只掌控在那些居高位的，以及可以指揮載運囚犯交通
> 工具的人手上，那些能克服恐懼的人就有力量。」[115]

—— 語出「暴動小貓」樂團成員娜黛緒妲・托洛孔尼柯娃（Nadeschda Tolokonnikowa）

這是一個為言論自由、為女性自由、為藝術自由而戰的故事。這也是一個為反對威權、專制，反對保守的結構，反對權力和權力濫用，以及為反對俄羅斯總統普丁（Vladimir Putin）政權而戰的故事。這是一個曾經有許多人共同參與過的故事，而且至今尚未寫下完結篇。

這個故事的主角是三位年輕女性，她們分別是：瑪麗亞・艾裘齊納（Marija Aljochina）、娜黛緒妲・托洛孔尼柯娃，以及潔卡特琳娜・薩穆澤維奇（Jekaterina Samuzewitsch）。

瑪麗亞當時在莫斯科的大學就讀新聞系，並經常參與環保與關懷精神病童的活動。

娜黛緒妲十六歲就進入莫斯科的大學研讀哲學。十八歲時，成為藝術家協會「戰爭」（Krieg）的一員，她也在那裡結識未來的丈夫皮傑特・韋希洛（Pjotr Wersilow）。

而潔卡特琳娜在進入攝影專校前，是在一家軍備公司擔任程式設計工程師。

這三人後來都成為關心政治的社運人士和表演藝術家。2011 年，她們共同成立了訴求女權、批判教會與政府的龐克搖滾樂團「暴動小貓」。當時俄羅斯的國會大選在即。所有的跡象都顯示，選後普丁將握有更大的權力。這正是這三位年輕女性不樂見的事，也是許多與她們看法相同的俄羅斯音樂家和知識份子無論如何想要阻止的。因為在他們眼中，普丁代表的是走回頭路、反民主、違反人道的政權。

「暴動小貓」這個名稱已經說明一切，無須多言，「暴動小貓」的演出通常是熱鬧、激動、刺耳和充滿叛逆氣息。這個龐克搖滾樂團大約維持在十位女性成員的規模，她們的訴求很多：提升女性權益、讓所有人都得到更好的教育機會、改善衛健福利等。她們也為性別弱勢族群發

聲。為了改變俄羅斯社會，她們想要擾亂、製造和引起騷動——如果從這一觀點看，「暴動小貓」這個名稱無疑是一種宣戰的聲明。

這個團體總是在沒有預告的情況下出現在各種不同場合，特別是在那些每天人來人往的地方，比如地鐵站、公車站亭、加油站，或是其他公共場所。她們會突然出現，接著把樂器拿出來，開始唱歌、激烈地跳舞，像一陣難以捉摸的狂風——然後，又消失在人群中。過程中，她們會為自己的演出拍下影片，放到網路上免費供人觀看。

她們的衣著、褲襪和蒙面頭罩都有著極度鮮豔的顏色，令人無法忽視她們的存在，同時也因此可以讓她們把自己的面貌隱蔽起來。這是一種非常強烈的宣告：這群人中，沒有人想因為自己的所作所為而成名。完全相反！這些女性成員想隱姓埋名就是這個團體的特色。

此外，「暴動小貓」想藉此傳達，不要再以外表來批判女性，這也是她們戴上蒙面頭罩的主要原因。戴上蒙面頭罩可不只是為了保護她們的安全。不被人認出真實身分非常重要，因為「暴動小貓」做的

事不僅有違法的可能，同時也並非所有俄羅斯人都能接受。許多人對她們的演出只有搖頭以對。那些人認為：那麼吵、鬧成一團——她們到底在做什麼？難道這也算藝術嗎？

一開始，她們的行動在自己國內確實沒有帶來多大的作用，她們的演出沒有驚天動地的效果。這情況直到 2012 年二月二十一日那天才有了變化。那天，俄羅斯東正教信徒在基督救世主大教堂（Christ-Erlös-er-Kathedrale）望彌撒。整座教堂內座無虛席——在穿著黑、灰兩種主色調大衣的人群中，突然混入幾個黃、橘、粉、紅、藍色和綠色的點點。

「暴動小貓」來了！她們迅速移動，像幾道五顏六色的閃電，一會兒在這裡、一會兒又在其他地方冒出來。她們以迅雷不及掩耳的速度架好麥克風，就地以龐克搖滾風格唱出一首改編過的祝禱詞。當時在場的成員包含瑪麗亞、娜黛緒妲和潔卡特琳娜。不過她們沒能多唱幾句。雖然她們把一切很快準備就緒，但是保安部隊來的速度更快。保安部隊的人員出現後，從把幾名女性成員推離麥克風，到把她們拖出教堂，總共只用了四十秒。真是一場不小的風波！不少信

徒感到被冒犯，多數信徒卻覺得：真是受夠了！

最後，瑪麗亞、娜黛緒妲和潔卡特琳娜三人因嚴重違反公共秩序必須負起法律上的責任。根據後來的起訴書指稱，她們當時唱的祝禱詞內容是希望聖母瑪利亞驅散普丁。三人駁斥表示：「暴動小貓」是抗議俄羅斯政府與教會走得太近，也更進一步指出，主要是反對普丁和俄羅斯東正教大牧首基里爾一世（Patriarch Kyrill I.）打算推動一項墮胎禁令。基里爾一世則反過來指責該次演出是褻瀆神的行為，並表示，若無悔意就不會得到教會的寬恕。政府方面也想藉此次風波有所作為。

瑪麗亞、娜黛緒妲和潔卡特琳娜三人在法院開庭時，被關在玻璃帷幕箱中的畫面曝光後傳遍世界各地，也嚴重損害了俄羅斯在國際上的聲譽。一時間，支持「暴動小貓」的聲音席捲而來，多位知名流行歌手甚至公開表示聲援。即便如此，三位年輕女性仍然在 2012 年八月十七日被以「仇視宗教的流氓行為」判處兩年有期徒刑。她們聲請上訴未果，只有潔卡特琳娜在律師的努力下，於同年十月獲改判緩刑。

一些政治人物，比如當時的德國總理梅克爾或時任美國總統的歐巴馬，都批評該次判決不符合比例原則。2013 年七月二十三日，全球有一百位藝術家聯合在一封公開信中，要求釋放遭囚的樂團成員。

在獄中的瑪麗亞和娜黛緒妲多次絕食，以抗議獄所和勞教中心裡面的嚴苛處

爭取藝術自由

境。她們每天必須縫製制服長達十七個小時，所以想藉由這種表達方式保障自身權益，同時為所有受刑人爭取更好的待遇。2013 年十二月，由於一次全國性的特赦，兩人得以免除餘下的三個月刑期，提前獲釋。重獲自由的兩人，依舊不願輕易低頭。

「獲釋後，我們成立了『法權地帶』（Sona Prawa）組織。這個組織主要協助受刑人進行訴訟，」瑪麗亞表示：「我們希望以此讓那些訴求無法被聽到的人，也有說話的機會——並希望以此進一步終止俄羅斯監獄中不人道的制度與規範。同時我們也架設了獨立媒體『媒體專區『（MediaZona）的網站。」[116]

「媒體專區」主要是報導俄羅斯司法、政治相關案件的審理過程、俄羅斯監獄和流放營中用刑及違反人權的做法。「媒體專區」很快成為俄羅斯點閱率最高的獨立媒體。

2014 年在俄羅斯索契（Sotschi）舉行的冬季奧運會期間，「暴動小貓」再次發起抗議活動。不過她們的演出沒能持續多久，很快就被俄羅斯保安部隊以暴力手段強力中斷。有一名保安部隊人員手持鞭子揮向表演者，另外一位部隊人員則對著表演者噴灑辣椒水。國家政權竟使出如此激烈的手段展示捍衛自己權勢的決心！

2015 年，在每年六月十二日慶祝被稱為「俄羅斯節」（Tag Russlands）的俄羅斯國慶這一天，「暴動小貓」也有抗議行動。瑪麗亞和娜黛緒妲身穿囚衣，在克里姆林宮附近的廣場上縫製俄羅斯國旗，兩人當場被捕。進到警局的兩人依舊繼續縫製她們的國旗。

2016 年，「暴動小貓」在網路上公開了一段名為《柴卡》（Chaika）的影片。內容是一段混雜進行曲風格的饒舌歌，歌詞中有幾句提到：

「我愛俄羅斯、我就是愛國者」、「學會服從吧！」或「對上位者忠誠，因為權力是神的禮物」。[117]

龐克搖滾樂團「暴動小貓」所到之處，都很熱鬧和豔麗多彩。她們對上俄羅斯政府和教會，只因她們想改變這個社會。幾位樂團成員為此付出很大的代價。瑪麗亞・艾裘齊納、娜黛緒妲・托洛孔尼柯娃，以及潔卡特琳娜・薩穆澤維奇，他們三人一度被判兩年有期徒刑，其中的娜黛緒妲當時更只有二十一歲。無論形勢多嚴峻，她們對其理念始終不輕言放棄。

這些話當然不是無憑無據的嘲諷。那些刻意安排的流行元素，猶如一場人為藝術的遊戲，其實是嚴厲指控普丁與朱里‧切卡（Juri Tschaika）統治下貪污風氣盛行的情況。切卡於 2006 至 2020 年間擔任俄羅斯檢察總長，是普丁的心腹之一。

2018 年七月，世界盃足球賽在俄羅斯舉行期間，「暴動小貓」的四名成員身穿警察制服衝進球場，其中一名成員便是皮傑特‧韋希洛。兩個月後，他因出現中毒症狀被送進德國柏林的夏里特醫院（Charité）。後來他雖然活了下來，但事發經過以及到底是誰在背後策畫這次攻擊行動並未獲得釐清。

俄羅斯政府畢竟是個強有力的對手，和這樣一個對手對立需要極大的勇氣。果然，瑪麗亞和娜黛緒妲兩人就多次為這份勇氣受到表揚。

比如 2014 年的哈維爾人權獎（Vá-clav-Havel Menschenrechtspreis），或是布萊梅市議會頒發的漢娜‧鄂蘭政治思想獎（Hannah-Arendt-Preis für politisches Denken）。

另外，還有兩部關於這個龐克搖滾樂團和相關訴訟的紀錄片，以及一部劇情片《莫斯科審判》（Die Moskauer Prozesse）。

娜黛緒妲於 2016 年出版了一本書，書名是《革命指南》（Anleitung für eine Revolution）。這本書除了是自傳和宣示主張，也探討如何克服自身的恐懼。

瑪麗亞和娜黛緒妲至今仍支持「暴動小貓」的演出與行動，只是她們無法再積極參與其中了，因為如今已經成名的她們，不再符合這個團體當時匿名的初衷。但也因為成名，對繼續為爭取藝術自由、為反對俄羅斯境內的權力與權力濫用的情況而戰等行動也更加有利了。

巴尼·莫加特（Barney Mokgatle）、
齊奇·馬西尼尼（Tsietsi Mashinini）、
塞比·賽梅拉（Selby Semela）

反種族隔離運動人士

「如果有人被捕、受到嚴刑拷問，或是在街上被要求出示護照：反正只要是有白人做壞事，通常這個白人對我們說的就是南非語。所以，對我們來說，南非語無疑已經成為我們受壓迫的象徵。」[118]——語出巴尼·莫加特

1948 年，聯合國通過的《世界人權宣言》（Allgemeine Erklärung derMenschenrechte），開宗明義就提到：「人人生而自由，在尊嚴和權利上一律平等。」[119]

少數沒有投下贊成票的國家之中，就有南非。當時在南非掌權的是一個帶有種族偏見的政府，也因此這個國家並非所有人都享有自由與平等的國度。那套系統被稱為種族隔離政策，而施行這項種族隔離政策的用意在於壓迫黑人，把他們像次等人類一樣對待。只是因為膚色相異，南非白人自覺比南非黑人優越。

其實這種種族主義意識在整個非洲大陸由來已久，南非當然也不例外：歐洲人在殖民主義盛行的時代來到非洲。這些歐洲人壓迫原本就生活在當地的人，他們殺害許多當地人，剝削當地的人與大自然，掠奪當地的藝術資產。他們恣意瓜分那片土地，就好像那裡的一切原本就屬於他們。

有段時間，英國人曾經落戶在南非，但同時也有許多從荷蘭來的布爾人（Buren）來到非洲大陸南端的這塊土地定居。自 1948 年以來，正是這些人的後代透過更多法律手段，鞏固了種族隔離政策。施行種族隔離政策的結果就是黑人不得投票，他們不得與白人有私人關係。在政府機關和商店有專門為黑人而設的特別出入口，而且通常是後門。在公共建築裡面，黑人只能使用專門為他們而設的洗手間。此外，他們只能住在特定區域，而且也曾經發生過此情況，如果他們居住的街區有白人社區要進駐，他們就會遭到驅離。另外還規定，黑人一次在市中心停留的時間不得超過七十二小時，不然他們就必須移居到市郊、被稱為「黑人城鎮」

（Township）的獨立聚落。這類聚落通常很貧窮。當然，這也與南非黑人只能從事低薪工作有關。只要南非黑人走出為他們而設的特定區域，就必須隨身攜帶護照，猶如置身外國一樣。但實際上，他們是在自己的國家！

在教育體系中也隨處可見體現種族主義的痕跡：白人可以免費上學、免費取得書籍，但黑人必須支付費用。白人享有義務教育，黑人卻沒有。而不平等的情形也日益加劇。

1976 年，南非的學校體系預計同時推出多項新措施。在此之前，上課使用的語言是英語，採行新措施之後，部分科目將只用南非語授課。這時就不得不提到南非語，這是個聽起來有點近似荷蘭語的語言。因為這個緣故，很容易讓人聯想到殖民主義和當時的壓迫者。對黑人學子來說，這項新措施不僅意味著他們一下子要馬上使用一個他們不會的語言學習重要科目，更代表他們要被迫說一種會讓他們產生負面聯想的語言。因為只要是黑人遭到警察刁難，警察說的都是南非語。

學生們不願接受這樣的安排，因此決意罷課。特別是在首都約翰尼斯堡（Johannesburg）附近的黑人聚落索維托（Soweto），抗議活動一發不可收拾。

1976 年六月十六日，學生在那裡辦了一場示威遊行活動。學生領袖是就讀高中的十九歲演說天才齊奇・馬悉尼尼。當抗議學生在這個寒冷的南非冬日走上街頭時，齊奇不斷提醒大家，遊行過程中務必以和平為原則。這些參加抗議活動的兒童與青少年只是想要讓人知道，他們不贊同推行新的教改法令，希望以遊行抗議的方式要求政府收回成命。

當日約有一萬至兩萬名學生遊行穿過索維托。這些學生手持標語牌和抗議布條，上面寫著：「打倒南非語！」他們邊走邊唱歌。據現場目擊者回憶，當時的氣氛愉快而歡騰——直到示威者來到警察圍起的人牆前方。那群警察先是對著學生噴射催淚瓦斯，然後指揮警犬撲向學生，最後再以真槍實彈掃射學生。警察竟然殺害和平示威遊行的學生！

第一批受害者中的海克托・彼得森（Hector Pieterson），年紀才十二歲。在一張傳遍全世界的照片中，一名絕望的學生抱著垂死的彼得森。這個影像成為種族主義下不公義之國南非的代表意象。

隨後幾天，全國各地都發生了暴動。年輕的南非黑人破壞白人經營的啤酒館和

商店——也就是那些代表剝削和壓迫的場所。警方開著裝甲車穿過市街，射殺了以年輕人為主的許多人。最後，數百人死亡，被捕人數更是不計其數。抗議活動的領頭人物齊奇和他的友伴巴尼和塞比躲了起來。向來沉穩寡言的塞比和自信有活力的齊奇正好是完美的互補。年紀稍長的巴尼有部汽車，正好可以載著齊奇和塞比在各個祕密集會處所移動。畢竟，抗議活動還是要繼續下去。

在索維托的抗議活動和警方的猛烈攻擊之後幾個星期，學生們又展開另一波示威遊行活動。這次抗議學生來到約翰尼斯堡的警察局前，要求警方釋放他們的同學。一開始依舊是和平示威，但是當學生被警方攔下時，暴動又爆發了。

只是這一次，學生不再是唯一一群抗議種族隔離制度不公的人了。與此同時，學生們已經成功請他們的父母配合罷工，以進一步發揮影響力，對白人老闆的經濟利益造成實質損失。

起初有些家長為此感到遲疑，因為這樣做畢竟是賭上他們的工作和收入，於是抗議學生也破壞了前往工作地點的鐵路交通，這是接下來幾次促請大人不要去工作的「不要碰、離遠點」（Stay Aways）大罷工活動的第一次行動。往後幾次行動每次維持三天之久。

女記者吉塞拉・艾柏瑞希特（Gisela Albrecht）在一本以索維托起義為題的書中，提到 1976 年的大罷工運動時，她這樣寫道：

> 「過去嚴格服從父母和長輩的年輕人，面對重大的政治和經濟議題，在沒有事先徵求父母意見的情況下，自己做出了決斷。一開始，他們的父母面對這種衝撞傳統的行為，除了驚訝，也出現不肯接受的情緒。不過隨後他們就堅定地認同自己孩子的做法。這些父母的絕望很快就轉為希望。對此，這些父母甚至表示：『年輕人為我們指出一條明路。』」[120]

長期以來對教育體制的改革感到不滿的情緒，如今顯然越來越強烈。齊奇曾在一次接受採訪時提到：

> 「學生們都受夠了——不只是因為學校裡面令人感到壓迫的制度，而是這整個國家的體制、他們治理人的方式，還有所有的法律都是白人制定的，以及所有這些（……）。如今的大家，尤其是白人，應該注意到的是，現在的學生不會說：『人們一定會有得到自由的一天。』他們會說：『人們就要得到自由了。』我認為，人即將得到自由的時間就快到了。」[121]

在這段期間，齊奇和他的戰友奔走於各個聚會之間，他們夜以繼日地規劃每次的遊行抗議和罷工活動，齊奇也發表演說

鼓勵參加活動的年輕學子。在首次「不要碰、離遠點」大罷工運動後，接著是第二輪運動，最晚到展開第三輪的大罷工運動時，已經有不少商店和公司因為沒有收入而面臨嚴重的經營問題。這一連串由巴尼、齊奇和塞比發起的抗議活動，終於看到成效。

最後兩次活動，三人只能從遠方了解情況。因為當時的南非對他們來說，已經變得太危險了，尤其是已經遭到警方通緝的齊奇。自從第一次學生示威遊行之後，不斷有警察上門找他，而且警察來找他的時間點通常還是在半夜。

後來，警方甚至為了追捕齊奇還祭出懸賞獎金，使得齊奇成為南非境內最多人想找的人。他與塞比和巴尼這兩位友伴因此不得不想辦法出逃。1976 年八月一個夜裡，這三人徒步橫渡南非和鄰國波札那（Botswana）的邊界。他們三人感到害怕極了，因為一旦被抓到，南非軍方一定會對著他們開槍。他們整夜挨凍，迷走在黑暗中，直到拂曉，他們才終於越過邊界——即便如此，一直要到幾天之後當他們三人終於搭上前往倫敦的飛機，才確認自己已經脫離險境。

此後，巴尼、齊奇和塞比三人改在國外奔走，反對南非的種族隔離政策。他們前往各個國家、發表演說，讓世界知道在自己的家鄉南非正在發生的不公平情況。其中，齊奇的態度變得越來越激進，他甚至考慮在南非進行武裝抗爭——不過，他後來再也沒有機會回到家鄉了。1990年，齊奇因不明原因逝世於幾內亞（Guinea），且死因至今未獲釐清。塞比移民到美國，並於 2018 年在當地離世。巴尼如今已經回到南非，坐鎮指揮自己的基金會。該基金會的服務內容之一就是爭取平等的教育機會。

1976 年的索維托起義之後，許多學生持續罷課。他們拒絕參加期末考試或畢業考，刻意錯過補考機會。對許多人來說，這代表他們就學的幾年時間都浪費了。南非政府最終撤銷了導致學生抗議的教改措施，並逐步改善黑人學生的處境。

此後南非的政府勢力也開始走下坡，1994 年，正式宣布終止種族隔離政策，曼德拉（Nelson Mandela）也在同年獲選

歐洲人與其後代子孫在南非壓迫黑人幾十年。在施行種族隔離政策的時代，一些帶有種族偏見的政令法案，又使一個充滿壓迫和剝削的制度成形。1976 年，一群學生站出來反對政府意圖在新的教育改革方案中，進一步推行更多不公平的措施。他們這場抗爭最後促成種族隔離政策告終。

為南非首任黑人總統，這都該歸功於當年
那些勇敢走出來抗議的學生。

　　為了紀念這些學生，現今的南非將六
月十六日訂為國定假日，就叫做「青年
日」（Tag der Jugend）。

詞彙釋義

特赦（Amnestie）意指對被判刑人全部或部分免除刑責。但那並不代表撤銷判決，或者認定一個人無罪。

反法西斯主義（Antifaschismus）指的是反對所有法西斯主義表現型態，也就是反對獨裁專斷政府體制的行動與信念，例如反對 1920 年代盛行於義大利的法西斯主義，或反對二戰期間德國的國家社會主義（Nationalsozialismus，或取其縮寫稱為「納粹主義」），或是反對在歐洲和拉丁美洲類似的政治勢力。現今這個用詞的概念，可以套用在全球積極打擊新納粹主義、新法西斯主義、極右派，或是新右派（die Neue Rechte），以及致力排除社會上所有造成前述見解的因素之行動。

自閉症（Autismus）並非疾病，而是一種「廣泛性（非特定型）發展障礙」（tiefgreifende Entwicklungsstörung）。可能的情況，比方說自閉症者可能會出現與旁人不同的行為舉止，或是溝通方式可能與多數人習慣的方式有所不同。現今一般常稱作自閉症類群或泛自閉症（Autismus-Spektrum）。因為自閉症不只有一種，而是有不同的表現方式，比如亞斯伯格症候群即是一例。一般而言，每個自閉症者的自閉症有各自不同的表現型態。

博科聖地（Boko Haram），伊斯蘭恐怖組織，主要活躍於奈及利亞的部分地區，及與奈及利亞相鄰的幾個國家。該組織發動過幾次嚴重的攻擊事件——比如殺害不同信仰的人、發動過多起炸彈攻擊和 2014 年超過二百五十名女學生遭綁架事件。

九〇聯盟／綠黨（Bündnis 90/Die Grünen），一個以環保政策為主要訴求的德國政黨。其中，「綠黨」於 1980 年一月十二／十三日成立於當時西德的卡爾斯魯爾（Karlsruhe）。1989 年秋，「和平與人權行動」（Initiative Frieden und Menschenrechte）、「民主現在」（Demokratie Jetzt），以及「新論壇」（Neue Forum）和「九〇聯盟」等組織或政黨，分別成立於當時時局動盪的東德。這幾個東德的組織或政黨後因選舉需求併入「九〇聯盟」。1990 年聯邦議會大選後，「東德綠黨」（Grüne Partei in der DDR）與西德「綠黨」合併，並因此取得聯邦議會的席次。1993 年「綠黨」再與「九〇聯盟」合併。

罩袍（Burka），部分穆斯林女性的衣著。罩袍會完全包覆含眼部區域的頭部與肢體，只是眼部區域使用的是網格狀布料。穆斯林女性的衣著除了罩袍外，當然也有其他形式的面紗和頭巾，比如尼卡布（Nikab）就和罩袍很類似，只是眼部少了網格狀布料遮蔽。另外還有被稱為希賈布（Hidschab）的頭巾，這種頭巾主要遮蔽頭、頸和肩部，但並不遮蔽臉部。不過，不同名稱間的衣著形制定義偶有混淆現象。

侵蝕（Erosion）意指土壤表面不斷因風與氣候的作用造成磨損，而產生水土流失的現象。嚴重者可能導致山體崩塌。侵蝕作用的結果可能造成農事上的可耕地流失。

種族（Ethnische Gruppen）意指在一個國家之內，或也可能超越國境，將自己視為一個整體的社群。由於出發點不同，對種族的定義也各有差異：比如宗教、傳統、文化或語言，或是以共同的歷史、共同的身體特徵等不同觀點，都可能成為決定種族定義的要素。

女性主義（Feminismus）以追求人人平等為目標——無論其性別為何。從歷史的角度看，「女性主義」有感於女性地位低下，最初要求的是男女平等，因此這個名詞裡面含有拉丁文「femina」（女性）一詞。至今仍有所謂的「女性主義者」（Feminist*innen）持續在為消弭偏見和不平等待遇而努力。

「星期五救未來」（Fridays For Future）指的是全球學生每周五的罷課和示威遊行活動。活動的目的在於要求各國政府確實遵守《巴黎氣候協議》的內容，以加快腳步達成永續減少溫室氣體排放為目標。這個社會運動的目的是：採取行動面對氣候危機以保障地球的未來。

俳句（Haiku），源於日本，是世界上最短的詩歌形式。俳句最早出現在十六世紀，是一種共有十七個音節，分為五一七一五個音節組成的三行短詩。

絕食抗議（Hungerstreik）是一種表達反抗的激烈手段。過程中，進行絕食抗議的人會停止進食，甚至不再飲水，以強烈表達反對的態度，試圖達成訴求。只是，這樣做會有生命危險。

原住民（indigene Bevölkerung）指的是在其他人占領某區域，或在一個國家成立前，已經生活在那裡的人。通常原住民重視傳統，而且對自己的家鄉有特別的羈絆感受。然而，在他們現今生活的國家裡面，他們往往是少數民族。回顧歷史，不難見到原住民受到壓迫、驅逐或遭到迫害的事蹟。

工業先進國（Industrienationen）指的是由從事工業生產與製造的公司行號創造一國主要收入的國家。在過去，工業指的是加工原物料的大小型工廠。工業先進國包含德國、美國、加拿大或日本等國。如今這個用詞已經顯得有些不合時宜，因為上述國家如今多以服務業為重。即便如此，特別在談論氣候變遷的議題時，依舊沿用這個說法。因為工業先進國的共同點就是它們都有非常沉重的碳足跡。

知識份子（Intellektuelle）是指博學且受過高等教育的人。這個詞彙衍生自指稱「理解」或「感知能力」的拉丁文「intellectus」。知識份子關注文學、藝術、文化或人文科學（如哲學）等領域的議題，並常思考與參與社會辯論。

吉姆・克勞法（Jim-Crow-Gesetze），在美國廢除奴隸制度後，持續歧視與壓迫非裔美國人的一系列法案。「吉姆・克勞法」始於 1877 年，內容包含在火車、公車和校園內進行「種族隔離」。相關法案命名由來的「吉姆・克勞」原本只是個體現對黑人各種偏見的虛構人物。1960 年代，在美國興起的一連串民權運動逐步廢除「吉姆・克勞法」。即便如此，有反面意見認為，美國的司法制度至今仍存在種族歧視問題。

殖民主義（Kolonialismus），主要指的是歐洲各國統領世界其他地區的領土及當地居民的時期，比如西班牙在哥倫布「發現」新大陸後，占領今日的墨西哥，或是十九、二十世紀期間，許多歐洲國家在非洲大陸建立起各自的殖民地。殖民勢力始終自認比原本生活在當地的人（參見「原住民」）優越，而肩負「教化」蠻荒的使命感。然而，這種思維往往變成苛待被殖民地人民的藉口。實際上，更多的情況是殖民者殺害許多人、掠奪土地資源，以成就自己的財富。

遊說團體（Lobbygruppe）會試圖造成政治與社會影響力，以符合自身利益。進行「遊說」的人，被稱為「說客」（Lobbyist）。「遊說」（Lobbyismus）並非明令禁止的行為，而且各行各業都有：無論是汽車產業、能源集團、藥廠，或是與人權議題相關的團體。只是來自業界的遊說團體，特別有影響力。反對人士認為，遊說團體的行事往往有暗中勾結及權力過大的疑慮。

即時通訊服務（Messenger-Dienste）是能讓人即時發送訊息及表情符號的軟體。多數人會在智慧型手機上使用這些提供即時通訊服務的應用程式。比如 WhatsApp 是德國最為人所知的即時通訊軟體之一。

新納粹份子（Neo-Nazis），在二次大戰後，仍然堅持與 1945 年前的納粹相同意

識型態的一群人。因此用詞上特別強調「『新』（Neo）納粹」，其中的「新」字源於希臘文的「néos」。新納粹份子的排外意識包含所有令他們感到陌生、不熟悉的人事物。除此之外，他們也認為殘疾人士、同性戀者（參見「性別弱勢族群、性少數族群」）或街友都是次等人類。同時，新納粹份子也對民主嗤之以鼻，一意擁戴獨裁專制，可以歸類為所謂的「極右派人士」。

「地下國社」（NSU），全名為「國家社會主義地下組織」（Nationalsozialistischer Untergrund）。這個德國極右主張的恐怖組織主要有三位成員。該組織在 2000 年至 2007 年間，奪走了包含一名女性員警與另外九名男性在內的十條人命。受害者的共同點都是出生地不在德國，而是來自土耳其或希臘。這些受害者都已經在德國生活很長一段時間了，且都經營小本生意，在德國有家人和朋友。案發後很長一段時間，警方都沒有懷疑可能是右派極端份子犯下的罪行，而是一度認為被害者可能涉入其他不法情事，導致真相曝光後，引來許多民怨。
「地下國社」的成員過著隱姓埋名的生活。該組織的攻擊行動仰賴一個縝密的支持者網絡完成，相關單位至今仍未完全釐清這個複雜的網絡系統。「地下國社」的受害者分別是：恩維爾・辛席克、阿布杜拉興・奧茲朵魯（Abdurrahim Özüdog-

ru）、蘇磊曼・塔司庫普魯（Süleyman Tasköprü）、哈比爾・齊立曲（Habil Kılıç）、穆罕默德・吐顧圖（Mehmet Turgut）、伊思馬依爾・亞薩許（Ismail Yasar）、塞奧多羅斯・布佳里德司（Theodoros Boulgarides）、穆罕默德・庫巴席克（Mehmet Kubasık）、哈利特・尤茲加特（Halit Yozgat），以及米榭爾・基耶瑟威特許（Michèle Kiesewetter）。

普什圖人（Paschtunen），一個主要生活在阿富汗與巴基斯坦的民族。普什圖人是巴基斯坦境內人口最多的少數民族，其中又以居住在鄰近阿富汗邊境的普什圖人，近年來不斷受到打壓與歧視的情況最為嚴重。

大牧首（Patriarch），俄羅斯東正教教會領袖。

有色人種（People of Color），探討人類的膚色並不是一個容易的話題。許多用詞都有其各自的歷史淵源，但以現今眼光來看，可能讓相關人士覺得受辱或認為有種族歧視之嫌。當然，這也可能是因為膚色這個議題常被用在表示輕視或侮辱人的意圖有關。不同的是，「有色人種」是由那些不認為自己是白人，且不被白人占多數的社會視為白人者，自己選用的說法。「有色人種」通常有受到種族歧視和排擠的共同經驗。「有色人種」的概念源於美

國，目前德國社會也普遍接受這個用語。

破壞（sabotieren），意指行使破壞行為或以破壞行為阻止某事的進行。這個德文字的名詞「Sabotage」（搞破壞）特指針對經濟、商業層面或軍事行動，刻意為之的破壞行為，可能的做法比如毀損設備、器械或諸如鐵軌等公共建設。這類作為通常是為了達到某種政治目的。從這個觀點來看，「搞破壞」可視為一種爭取政治力量的手段。

性別弱勢族群、性少數族群（sexuelle Minderheiten）意在指稱由於個人性向在一個社會中比例較少、為數不多，或因某些因素較少被看到的人口。同性戀者、雙性戀者、跨性別者或是泛性戀者都可算在其中。性別弱勢族群至今仍不斷受到歧視的眼光，甚至在一些國家中遭到迫害或被視為犯罪行為。

蒙面頭罩（Sturmhauben）指的是會遮住全臉，而且通常只露出嘴巴和眼睛的遮蔽物。戴上蒙面頭罩的人往往給人危險又恐怖的感受。戴上蒙面頭罩可以讓配戴者不被其他人認出來。

塔利班（Taliban），伊斯蘭基本教義派組織。這個組織對《可蘭經》的詮釋極為嚴苛，而且觀念非常傳統與保守。他們為貫徹自己的理念，經常使用暴力手段。

溫室氣體排放（Treibhausgas-Emissionen）用以指稱所謂溫室氣體的排放，而溫室氣體一向被認為是造成全球氣溫不斷攀升的主因。其中，二氧化碳（CO_2）是溫室氣體的一種，諸如燃燒煤炭或汽車與飛機的廢氣排放都是形成二氧化碳的原因。另一種溫室氣體則是甲烷（Methan），比如牛隻打嗝或放屁都會產生甲烷。倘若想要減緩氣候暖化的速度，減少溫室氣體排放是刻不容緩的事。

聯合國教科文組織（UNESCO）是聯合國之下的附屬組織。該組織的宗旨是加強國際間的合作，以及推動各國在教育、科學與文化等領域的交流。聯合國教科文組織的成就中，推動與管理收錄全球應予以保護的歷史建築與古城等的「世界遺產名單」即是一例。

槍械遊說團體（Waffenlobby），參見「遊說團體」。

參考資料

路易・布雷爾（Louis Braille）

1　出自：Clifford E. Olstrom: Undaunted By Blindness. Concise biographies of 400 people who refused to let visual impairment define them. Perkins School for the Blind: 2011.

2　出自：Louis Braille – Erfinder eines universellen Schriftsystems für blinde Menschen, Deutsche Nationalbibliothek: Zeichen – Bücher – Netze. https://mediengeschichte.dnb.de/DB-SMZBN/Content/DE/LauteZeichen-Schriften/01-braille-louis.html

葛莉塔・童貝里（Greta Thunberg）

3　出自：Damian Carrington: ›Our leaders are like children‹, school strike founder tells climate summit, The Guardian, 4.2.2018. https://www.theguardian.com/environment/2018/dec/04/leaders-like-children-school-strike-founder-greta-thunberg-tells-un-climate-summit

4　出自：Anne Brühl: »Ohne Asperger wäre das hier nicht möglich«, ZDF.de, 6.2.2019. https://www.zdf.de/nachrichten/heute/greta-thunberg-interview-auslandsjournal-100.html

5　出處同上。

6　出自：Annette Kögel und Niklas Liebetrau: Greta Thunberg, 15: »Mein Appell an die Welt«, Der Tagesspiegel, 20.12.2018. https://www.tagesspiegel.de/berlin/klimaaktivistin-greta-thunberg-15-mein-appell-an-diewelt/23779892.html

艾瑪・岡薩雷斯（Emma González）

7　Emma Gonzalez: Emma González on Why This Generation Needs Gun Control, teenVogue, 23.03.2018. https://www.teenvogue.com/story/emma-gonzalez-parkland-gun-control-cover

8　Emma Gonzalez's powerful March for Our Lives speech in full, 24.03.2018. https://www.youtube.com/watch?v=u46HzTGVQhg

9　同上。

10　同上。

11　Emma González: Emma González on Why This Generation Needs Gun Control, teenVogue, 23.03.2018. https://www.teenvogue.com/story/emma-gonzalez-parkland-gun-control-cover

12　同上。

克勞黛特・柯爾文（Claudette Colvin）

13　出自：Phillip Hoose: Making their Mark: Black Women Leaders, aus: Stories of African-American Achievement, IIP, US-Außenministerium, de.usembassy.gov

14　Taylor-Dior Rumble: Claudette Colvin: The 15-year-old who came before Rosa Parks, BBC Stories, 10. März 2018, www.bbc.com/news/stories-43171799

15　同上。

16　出自：Phillip Hoose: Making their Mark: Black Women Leaders, a.a.O.

17　出處同上。

克爾文・寶（Kelvin Doe）

18　Kelvin Doe bei seinem TEDxTeen-Vortrag, TEDxTalks, hochgeladen am 23. März 2013.
https://www.youtube.com/watch?v=wQigsI3xsHw

19　同上。

20　15-Yr-Old Kelvin Doe Wows M.I.T., THNKR, hochgeladen am 16. November 2012.
https://www.youtube.com/watch?v=XO-LOLrUBRBY&feature=emb_title

阿米卡・喬治（Amika George）

21　Amika George: Girls are still missing school because of period poverty. There is an answer, The Guardian, 8. Januar 2019,
https://www.theguardian.com/comment-isfree/2019/jan/08/girls-school-period-poverty-scotland-free-menstrual-products-england-campaign

22　Amika Georges Vortrag beim TEDxCoventGardenWomen, TEDx Talks, hochgeladen am 7. Dezember 2017.
https://www.youtube.com/watch?v=1WRuKvLMkpA&feature=emb_logo

23　Amika George: Girls are still missing school because of period poverty. There is an answer, a.a.O.

24　阿米卡・喬治於TEDxCoventGardenWomen的演說。

25　出自：Brittney McNamara: Amika George Is Here to remind That Periods Are Not Gross«, teenVogue, 5. November 2018,
https://www.teenvogue.com/story/amika-george-21-under-21-2018

修特茲卡特・馬丁內茲（Xiuhtezcatl Martinez）

26　出自：Interview with Xiuhtexcatl Martinez, Real Time with Bill Maher, 24. Juni 2016.
https://www.youtube.com/watch?v=PvWnwOWm5o4

27　出自：Jan Philipp Burgard: USA: Der

Klimajunge, Weltspiegel, 14. Juli 2019 https://www.daserste.de/information/ politik-weltgeschehen/weltspiegel/send- ung/usa-der-klimajunge-100.html

28 馬丁內茲首次公開演說影片檔可參 考：https://www.youtube.com/watch?v =eKpjYFvSKRM

29 Xiuhtezcatl Martinez: Climate Activist Xiuhtezcatl Martinez: This Earth Day, I Believe Bernie Sanders Has Our Back on Climate Change, teenVogue, 22. April 2019.

https:// www.teenvogue.com/story/cli- mate-activist-xiuhtezcatl-martinez- earth-day-op-ed-bernie-sanders-climate- change

30 出自：Climate activist Martinez: ›Peo- ple power‹ can overcome big money, Al Jazeera, 28. Dezember 2019,

https://www.aljazeera.com/programmes/ upfront/2019/12/climate-activist-marti- nez-people-power-overcome-big-mon- ey-191227230839532.html

31 馬丁內茲於 2015 年六月二十九日在 聯合國的演說。相關影片檔可參考：

https://www.youtube.com/watch?v =27gtZ1oV4kw

32 馬丁內茲單曲專輯《破碎》（Bro- ken）官方聆賞影音檔案：https:// www.youtube.com/watch?v=LKUZJjx- m9Vs（資料來源於 2018 年七月二十 七日）

馬拉拉・優薩福扎伊（Malala Yousafzai）

33 Malala Yousafzais Rede vor den Vere- inten Nationen, 12. Juli 2013,

https://www.kindernetz.de/infonetz/poli- tik/frauenrechte/malalarede/-/id= 271614/nid=271614/did=286006/ a46uoz/index.html

34 Malala Yousafzai mit Patricia McCor- mick: Malala. Meine Geschichte, S. Fischer Verlag: 2014, S. 89

35 同上，第 97 頁。

36 同上，第 159 頁。

37 Malala Yousafzais Rede vor den Vere- inten Nationen am 12. Juli 2013, a.a.O.

38 出自：Lara Fritzsche: Der Fluch der guten Tat, Süddeutsche Zeitung Magaz- in, 6. Oktober 2015,

https://sz-magazin.sueddeutsche.de/poli- tik/der-fluchder-guten-tat-81724

39 2013 年七月十二日，馬拉拉於聯合國 的演說。

博洋・史拉特（Boyan Slat）

40 出自：The ocean plastic cleanup of Boyan Slat, vpro documentary, hochge- laden am 14. Oktober 2018.

https://www.youtube.com/watch?v=W- N9-g_IzAY&feature=emb_logo

41 出處同上。

42 Boyan Slat: How We Showed the Oceans Could Clean Themselves, 3. Juni 2014.

https://www.youtube.com/watch?v=Qp-DxE8BhPSM&feature=youtu.be&t=372

伊莉思・福斯（Elyse Fox）

43 出自：Ein Gefühl von Gemeinschaft. Mit Elyse Fox.
https://www.timberland.de/blog/inspiration/ein-gefuhl-von-gemeinschaft-mit-elyse-fox.html

44 出自：Bianca Ocampo: Getting to know Elyse Fox, NBGA MAGAZINE, nobasicgirlsallowed.com, 29. September 2019.
https://nobasicgirlsallowed.com/getting-toknow-elyse-fox-founder-of-sad-girls-club/

45 同上。

秦聯豐（Netiwit Chotiphatphaisal）

46 秦聯豐於 2018 年五月三十日在挪威奧斯陸自由論壇的演說。https://oslof-reedomforum.com/talks/the-student-vs-the-military

47 同上。

48 出自：Thomas Fuller: In Thailand's Schools, Vestiges of Military Rule, The New York Times, 28. Mai 2013.
https://www.nytimes.com/2013/05/29/world/asia/thai-students-find-government-ally-in-push-to-relax-school-regimentation.html

49 出自：Asaree Thaitrakulpanich: Thorn in the pillar: Freshman makes enemies upsetting tradition. Allies too, Khaosod English, 25. September 2016,
http://www.khaosodenglish.com/politics/2016/09/25/thorn-pillar-freshman-makes-enemies-upsetting-tradition-allies/

50 Netiwit Chotiphatphaisal: Why Do I Refuse to Attend the Fourth of July Reception?, Website von »The International Congress of Youth Voices«.
https://www.internationalcongressofyouthvoices.com/netiwit-chotiphatphaisal

51 引自秦聯豐與友人合辦的山雁出版社（Sam Nak Nisit Sam Yan Publishing）自介：https://samyanpress.org/#about-us

米凱拉・烏爾默（Mikaila Ulmer）

52 出自：Karen Gilchchrist: 14-year-old 'Shark Tank'success shares her best piece of advice for entrepreneurs, CNBC, 17. Juli 2019.
https://www.cnbc.com/2019/07/17/shark-tank-success-mikaila-ulmer-shares-best-advice-for-entrepreneurs.html

53 出處同上。

54 出自：Being a 13-year-old is hard. Being a 13-year-old CEO is even harder.
https://www.microsoft.com/inculture/

own-the-process-female-entrepreneurs/
mikaila-ulmer/

「合法黑人」組織（Legally Black）

55　Liv Francis-Cornibert: If our posters shock you, you're not seeing enough black faces in leading roles, inews. co.uk, 6. September 2019.

https://inews.co.uk/news/uk/legal-ly-black-bus-posters-comment-335539

56　出自：Rupert Neate: Young Brixton activists recreate film posters with black leads, The Guardian, 3. März 2018.

https://www.theguardian.com/uknews/ 2018/mar/03/young-brixton-activ-ists-recreatefilm-posters-with-black-leads

57　出處同上。

58　Leah Cowan: I believe everything we are fighting for is possible: young activists talk tactics, The Guardian, 11. August 2018.

https://www.theguardian.com/world/ 2018/aug/11/believe-fighting-for-possi-ble-young-activists?CMP=share_btn_fb

59　同上。

蓋文・格林（Gavin Grimm）

60　出自：Gavin Grimm Suits Up For The Supreme Court, ACLU, hochgeladen am 3.Februar 2017,

https://www.youtube.com/watch?v=_

eny6enTdQ0

61　出處同上。

62　出自：A Boy Named Gavin, ACLU, hochgeladen am 23. April 2017.

https://www.youtube.com/watch?v=DK-GxQ7GP5KI

63　出自：Gavin Grimm Suits Up For The Supreme Court, a.a.O.

64　出自：Transgender-Schüler verklagt High-School wegen Toiletten, SPIE-GEL.de, 15. Juni 2015.

https://www.spiegel.de/lebenundlernen/ schule/transgender-schueler- verk-lagt-high-school-wegen-toilet-ten-a-1038816.html

65　出自：Matt Stevens: Transgender Student in Bathroom Dispute Wind Court Ruling, The New York Times, 22. Mai 2018.

https://www.nytimes.com/2018/05/22/ us/gavin-grimm-transgender-bathrooms. html

66　出自：Dawn Ennis: Transgender Man Gavin Grimm Wins Court Fight He Started As A Boy, Forbes, 10. August 2019.

https://www.forbes.com/sites/dawnstac-eyennis/2019/08/10/transgender-manga-vin-grimm-wins-court-fight-he-started-as-aboy/#27ed7a63a1e4

塢瑪齊・穆辛比・慕兀莉雅（Umazi Mu-
simbi Mvurya）

67 出自：I am Kenyan, Good News
Broadcasting System Kenya, hochgelad-
en am 05. August 2012.
https://www.youtube.com/watch?v=ixp-
Co2MYu-OM&feature=youtu.be

68 Umazi Musimbi Mvurya bei ihrem
TEDxTeen-Talk, hochgeladen am 28.
März 2013.
https://www.youtube.com/watch?v=D-
CZ11J_iYBI

69 同上。

70 出自：I am Kenyan, Good News
Broadcasting System Kenya, a.a.O.

71 Umazi Musimbi Mvurya in einem Face-
book-Post, 12. Dezember 2018.
https://www.facebook.com/UMvurya/
posts/1989565251139541?__tn__=-R

菲力克斯・芬克拜納（Felix Finkbeiner）

72 Felix Finkbeiner bei einer Rede im
Rahmen einer Scheckübergabe durch
Donner & Reuschel, hochgeladen am
26. Februar 2019.
https://www.youtube.com/watch?v=
RmRh_Hn4HL4

73 Felix Finkbeiner in einem E-Mail-Inter-
view mit der Autorin, November 2019

74 同上。

75 出自：Cathrin Kahlweit: Der Wipfel-
stürmer, Süddeutsche Zeitung, 9. März

2018.
https://www.sueddeutsche.de/leben/por-
traet-wipfelstuermer-1.3895797

76 出自：Petra Apfel: Felix Finkbeiner
will die Welt mit Bäumen pflastern –
und so das Klima retten, FOCUS online,
2. März 2019.
https://www.focus.de/perspektiven/mut-
macher/1000-milliarden-baeume-als-
ziel-felix-finkbeiner-will-die-weltmit-
baeumen-pflastern-und-so-das-klima-
retten_id_10388413.html

77 Cathrin Kahlweit, a.a.O.

78 出自：Petra Apfel, a.a.O.

79 Felix Finkbeiner bei einer Rede im
Rahmen einer Scheckübergabe durch
Donner & Reuschel, a.a.O.

80 出自：Tin Fischer: Auf dem Baum der
Erkenntnis, DIE ZEIT, 4. Juli 2019.
https://www.zeit.de/2019/28/felix-fink-
beiner-aufforstung-baeume-plant-for-
the-planet

81 Felix Finkbeiner in einem E-Mail-Inter-
view mit der Autorin, a.a.O.

卡洛琳娜・法思卡（Karolína Farská）

82 Face To Face with Karolína Farská,
PDCS, hochgeladen am 25. Juli 2018.
https://www.youtube.com/watch?v=
RM6BoNJdOiE&t=286s

83 出自：Proteste in Bratislava gegen Kor-
ruption, Deutsche Welle, 18. April 2017.

https://www.dw.com/de/proteste-in-bratislava-gegen-korruption/a-38479277

索立・拉斐爾（Solli Raphael）

84 Solli Raphael: Limelight, Penguin Random House Australia: 2018, S. 4

85 Auszug aus dem Gedicht »Evolution«. https://solliraphael.com.au/poetry

86 Solli Raphael: Limelight, a.a.O., S. 7

87 https://solliraphael.com.au/

88 同上。

蕾尤芙・艾胡曼蒂（Rayouf Alhumedhi）

89 Julia Lorenz: Hidschab gehört aufs Handy, taz, 16. September 2016. https://taz.de/Schuelerin-ueber-Kopftuch-Emoji/!5341130/

90 同上。

91 Rayouf Alhumedhi in einer Diskussion bei reddit, 13. September 2016. https://www.reddit.com/r/TwoXChromosomes/comments/52l57e/im_submitting_a_proposal_to_unicode_for_a/d7l4rtn/

92 UTC Document Submission: HIJAB/HEADSCARF EMOJI, 20. September 2016. http://www.unicode.org/L2/L2016/16284-hijab-headscarf-emoji.pdf

93 出自：Judith Vonberg, Atika Shubert and Nadine Schmidt: Teen behind new hijab emoji: 'I just wanted an emoji of me', CNN, 18. Juli 2017. https://edition.cnn.com/2017/07/18/europe/hijab-emoji-teenager/index.html

海莉・福特（Hailey Fort）

94 Hailey Fort in King 5 News, 出自：Hailey Fort: Builder of Shelters for the Homeless, Rejected Princesses. https://www.rejectedprincesses.com/blog/modern-worthies/hailey-fort

95 https://www.gofundme.com/f/haleysharvest

96 Hailey Fort in einem Facebook-Posting am 4. April 2018. https://www.facebook.com/Haileysharvest/photos/a.607405156025239/1506987979400281/

97 出自：Steven Gardner: Small child renders big service, Kitsap Sun, 17. Juni 2015. http://archive.kitsapsun.com/news/local/small-child-renders-big-serviceep-1140135595-354656781.html

黃之鋒（Joshua Wong）

98 出自：Joshua: Teenager gegen Supermacht, Netflix:2017. https://www.netflix.com/de/title/80169348

99 Joshua Wong: Scholarism On The March, New Left Review Nr. 92, März/April 2015.

https://newleftreview.org/issues/II92/articles/joshua-wong-scholarism-on-the-march

100 同上。

101 出自：Joshua: Teenager gegen Supermacht, a.a.O.

茱莉亞・布盧姆（Julia Bluhm）

102 出自：Julia Bluhm, 14, Leads Successful Petition For Seventeen Magazine To Portray Girls Truthfully, The Huffington Post, 7. Mai 2012.

https://www.huffpost.com/entry/julia-bluhm-seventeen-mag_n_1650938

103 出自：Chrysula Winegar: Watch us. Teen Girls Taking on the World and Making an Impact, The Huffington Post, 19. März 2013.

https://www.huffpost.com/entry/julia-bluhm-izzy-labbe_b_2904622

104 Julia Bluhm and Izzy Labbe at TEDxWomen 2012, TEDx Talks, hochgeladen am 04. Dezember 2012.

https://www.youtube.com/watch?v=LOdyhEeYn-JI

105 出自：Greg Botelho: Seventeen magazine vows not to alter images, to 'celebrate every kind of beauty', CNN, 6. Juli 2012.

https://edition.cnn.com/2012/07/06/us/seventeen-magazine-vowsnot-to-alter-images-to-celebrate-every-kind-of-beauty/index.html

106 出自：Nadia Petschek Rawls: What a girl wants? Fewer Photoshopped images of women in magazines, for starters, IDEAS.TED.COM, 15. November 2013.

https://ideas.ted.com/young-voices-why-teenagers-have-a-lot-to-offer-a-qa-with-teen-activist-julia-bluhm/

107 出處同上。

雅克柏・史普林菲爾德（Jakob Springfeld）

108 出自：Mutig gegen den rechten Hass: »Ängstlich? Bin ich null Komma null«, Redaktionsnetzwerk Deutschland, 18. November 2019.

https://www.rnd.de/politik/mutig-gegen-den-rechten-hass-angstlich-binich-null-komma-null-JP6L47ZK2VBSLHST-W4ETUI-2L4Y.html

109 出自：Tessa Högele: NSU-Mahnmal in Zwickau: Wie sich der Schüler Jakob Rechten entgegenstellt, 8. Oktober 2019, ze.tt.

https://ze.tt/nsu-mahnmal-in-zwickau-wie-sich-der-schueler-jakob-rechten-entgegenstellt/

110 出自：Tim Lüddemann: Wo Klimaaktivist*innen von Rechten bedroht werden, jetzt, 10. Dezember 2019.

https://www.jetzt. de/politik/politikhass-auf-fridays-for-future

111 出自：Hass auf Fridays For Future - Wie Schüler*innen in Zwickau von Rechten angefeindet werden, Supernova Das Leftstyle-Magazin, 19.12.2019. https://www.youtube.com/watch?v=wkYwyDSuY3k

112 WhatsApp-Nachricht von Jakob Springfeld an seine Mitschüler*innen.

113 Jakob Springfeld in einem Interview mit dem Autor, Dezember 2019.

114 Jakob Springfeld in einem Fragebogen für »Wir sind der Osten«, https://wirsindderosten.de/menschen/jakob-springfeld/.

「暴動小貓」樂團（Pussy Riot）

115 出自：Boris Pofalla: Und Gott schuf die Feministin, Frankfurter Allgemeine Zeitung, 29. Februar 2016. https://www.faz.net/aktuell/feuilleton/buecher/themen/buch-der-pussy-riot-gruenderin-nadja-tolokonnikowa-14081707.html

116 出自：Ralph Geisenhanslüke: «Es kommt vor, dass ich von der Zeit im Straflager träume», ZEIT MAGAZIN, 27. Dezember 2017. https://www.zeit.de/zeit-magazin/2018/01/mascha-alechina-pussy-riot-traum

117 Pussy Riot: CHAIKA, wearepussyriot, hochgeladen am 3. Februar 2016.

https://www.youtube.com/watch?v=-VakUHHUSdf8

巴尼・莫加特（Barney Mokgatle）、齊奇・馬西尼尼（Tsietsi Mashinini）、塞比・賽梅拉（Selby Semela）

118 出自：Gisela Albrecht: Soweto oder Der Aufstand der Vorstädte. Gespräche mit Südafrikanern, Rowolth Taschenbuch Verlag GmbH: 1977, S. 36

119 Allgemeine Erklärung der Menschenrechte, https://www.un.org/depts/german/menschenrechte/aemr.pdf

120 Gisela Albrecht, a.a.O., S. 19

121 Lydia Schuster: A Burning Hunger. One Family's Struggle Against Apartheid. Vintage Digital Kindle edition: 2011, Position 1313

以上原文使用之參考資料若涉及網路資訊，本書原文版出版前最後一次網頁點閱時間為 2020 年二月九日。

班雅明・柯諾德勒（Benjamin Knödler），生於 1991 年。柏林洪堡大學哲學系與社會學系雙修碩士。目前以記者為業，並擔任《星期五周報》（*der Freitag*）網路版編輯。

克莉絲汀・柯諾德勒（Christine Knödler），於 1967 年生。除了自由記者、評論家、出版人、文化活動主持人等多重身分之外，她同時為多家出版社、報紙、雜誌及德國公共廣播電台（Deutschlandfunk）擔任撰稿與編輯工作。與本書原文版一樣，由漢薩出版社（Carl Hanser Verlag）出版的作品有 2013 年發行的童書《呼嚕聲和貓爪抓──貓咪故事集》（*Schnurren und Kratzen – Geschichten von Katzen*）。

菲莉希塔・霍斯薛弗（Felicitas Horstschäfer），1983 年生。2009 年明斯特科技應用大學（Fachhochschule Münster）畢業後，就在柏林從事封面、插畫與書籍版面設計等方面的自由設計師工作。客戶群涵蓋各大出版社、紙媒、各類商業客戶，以及國內外多家文具製造商。

菓子
Götz Books

· Denken

《青春造反：二十五個閃耀動人的改變與革新故事》
Young Rebels:
25 Jugendliche, die die Welt verändern!

作　　者　班雅明·柯諾德勒（Benjamin Knödler）、克莉絲汀·柯諾德勒（Christine Knödler）
繪　　者　菲莉希塔·霍斯薛弗（Felicitas Horstschäfer）
譯　　者　黃慧珍
主　　編　邱靖絨
校　　對　楊蕙苓
排　　版　菩薩蠻電腦科技有限公司
封面設計　木木 lin
印　　務　江域平、李孟儒
總　　編　邱靖絨
社　　長　郭重興
發行人兼出版總監　曾大福
出　　版　遠足文化事業股份有限公司　菓子文化
發　　行　遠足文化事業股份有限公司
地　　址　231 新北市新店區民權路 108 之 2 號 9 樓
電　　話　02-22181417
傳　　真　02-22181009
E m a i l　service@bookrep.com.tw
郵撥帳號　19504465 遠足文化事業股份有限公司
客服專線　0800221029
印　　刷　凱林彩印股份有限公司
定　　價　500 元

初　　版　2022 年 9 月
法律顧問　華陽國際專利商標事務所　蘇文生律師
有著作權·翻印必究

© 2020 Carl Hanser Verlag GmbH & Co. KG, München
This edition arranged with CoHerence Media Agency.
Complex Chinese edition © 2022 Götz Books, an imprint of
Walkers Cultural Enterprise Ltd.
All rights reserved.

特別聲明：有關本書中的言論內容，不代表本公司／出版集團的立場及意見，文責由作者自行承擔。
歡迎團體訂購，另有優惠，請洽業務部 (02)22181-1417 分機 1124、1135

感謝歌德學院（台北）德國文化中心協助
歌德學院（台北）德國文化中心是德國歌德學院
（Goethe-Institut）在台灣的代表機構，五十餘年
來致力於德語教學、德國圖書資訊及藝術文化的
推廣與交流，不定期與台灣、德國的藝文工作者
攜手合作，介紹德國當代的藝文活動。

歌德學院（台北）德國文化中心
Goethe-Institut Taipei
地址：100 臺北市和平西路一段20 號6/11/12 樓
電話：02-2365 7294
傳真：02-2368 7542
網址：http://www.goethe.de/taipei

國家圖書館出版品預行編目(CIP)資料

《青春造反：二十五個閃耀動人的改變與革新故事》 / 班雅明‧柯諾德勒（Benjamin Knödlerr），克莉絲汀‧柯諾德勒（Christine Knödler）著；菲莉希塔‧霍斯薛弗（Felicitas Horstschäfer）繪；黃慧珍（Magda Huang）譯. -- 初版. -- 新北市 : 遠足文化事業股份有限公司菓子文化出版 : 遠足文化事業股份有限公司發行, 2022.08
　　面；　公分. -- (Denken)
譯自 : Young rebels : 25 Jugendliche, die die Welt verändern!
ISBN 978-626-96396-0-1(平裝)

1.CST: 世界傳記 2.CST: 社會互動 3.CST: 利他行為

781   111011491

菓 子
Götz Books

菓 子

Götz Books